생존 문해력

생존 문해력

디지털 리터러시의 새로운 패러다임

초 판 1쇄 2025년 03월 18일

지은이 진정용
펴낸이 류종렬

펴낸곳 미다스북스
본부장 임종익
편집장 이다경, 김가영
디자인 임인영, 윤가희
책임진행 이예나, 김요섭, 안채원, 김은진, 장민주

등록 2001년 3월 21일 제2001-000040호
주소 서울시 마포구 양화로 133 서교타워 711호
전화 02) 322-7802~3
팩스 02) 6007-1845
블로그 http://blog.naver.com/midasbooks
전자주소 midasbooks@hanmail.net
페이스북 https://www.facebook.com/midasbooks425
인스타그램 https://www.instagram.com/midasbooks

© 진정용, 미다스북스 2025, *Printed in Korea.*

ISBN 979-11-7355-124-6 03370

값 19,000원

미다스북스는 다음세대에게 필요한 지혜와 교양을 생각합니다.

디지털 리터러시의 새로운 패러다임

생존 문해력

진정용 지음

미다스북스

PART 3

미래를 읽는 문해력의 핵심 10가지

PART 4

알고리즘을 이기는 10가지 스마트 도구들

PART 5

생존을 위해 읽기의 본질로 뛰어들어라

디지털 시대, 새로운 문해력이 필요한 이유

저는 세 아이의 아빠입니다. 제 아이들은 디지털 원주민입니다. 태어나면서부터 인터넷과 스마트폰을 접하며 자란 세대들입니다. 이들은 정보 부족이 아닌, 정보 과잉의 시대를 살아가고 있습니다. 쉴 새 없이 울리는 스마트폰 알림, 유튜브 영상, 소셜 미디어 피드 속에서 이들에게 진짜 필요한 능력은 무엇일까요? 바로 넘치는 정보를 제대로 이해하고, 무엇이 진실인지 스스로 판단할 수 있는 능력입니다.

이는 오늘날 살아가는 데 가장 중요한 생존 기술입니다.

디지털 네이티브 세대는 클릭 몇 번으로 필요한 정보를 찾아냅니다. 유튜브와 소셜 미디어를 통해 전 세계 사람들과 소통합니다. 궁금한 것이 생기면 스마트폰으로 바로 검색합니다. 복잡한 개념도 유튜브 영상을 통해 직관적으로 이해합니다. 한 마디로, 이들은 디지털 기술을 활용해 전 세계와 실시간으로 연결된 시대에 살고 있습니다.

이런 환경은 삶을 빠르고 편리하게 만들어 주었습니다. 하지만 그만큼 정보를 깊이 이해할 시간은 줄어들었습니다. 긴 글을 읽고 맥락을 파악하거나, 스스로 생각하고 고민하는 능력도 점차 약해지고 있습니다. 부모 입장에서 자녀들이 제대로 사고하고 배울 수 있을지 걱정이 많아집니다.

정보의 신뢰성을 판단하는 능력은 점점 더 중요해지고 있습니다. 알고리즘은 우리가 보고 싶은 정보만 보여줍니다. 잘못된 정보가 퍼지는 속도는 점점 빨라집니다. 아이들이 비판적으로 생각하지 않으면 잘못된 정보에 쉽게 휘둘릴 수밖에 없습니다. 부모로서, 아이들에게 더 나은 판단력을 길러 주고 싶은 마음이 간절합니다.

정보의 과부하는 단순한 변화가 아닙니다. 예를 들어, 하루 평균 아이들이 접하는 정보의 양은 이전 세대와 비교할 수 없을 정도로 많아졌습니다. 한 연구에 따르면, 현대 청소년은 매일 약 10GB 이상의 디지털 콘텐츠를 소비한다고 합니다.

그러다 보니 방대한 정보 속에서 핵심을 파악하고 올바르게 활용하는 능력은 디지털 시대에 점점 더 중요해지고 있습니다. 클릭 몇 번으로 원하는 정보를 찾을 수 있는 환경에서 아이들은 방대한 자료 중에서 필요한 정보만 골라내는 데 익숙해졌습니다. 정보 처리 방식은 효율적이지만, 핵심만 빠르게 찾아내는 습관이 자리 잡으면서 긴 글을 깊이 읽고 이해하는 능력은 점차 약해지고 있습니다.

문제는 이러한 변화가 학업 성과뿐만 아니라 아이들의 사고력과 문제 해결 능력에도 영향을 미친다는 점입니다. 깊이 읽고 사고하는 과정은 논리적 사고력과 창의성을 키우는 데 필수입니다. 하지만 짧고 단편적인 정보에 익숙해진 아이들은 맥락을 이해하고 비판적으로 사고하는 능력이 약해질 수 있습니다.

이 같은 변화는 학업을 넘어 아이들의 삶 전반에도 영향을 미칩니다. 정보를 단순히 소비하는 데 그치지 않고, 스스로 생각하고 판단할 수 있는 힘을 기르지 못한다면 미래 사회에서 주체적으로 살아가기 어렵습니다. 아이들이 정보에 휘둘리지 않고 자신만의 생각으로 세상을 바라보며 문제를 해결하는 힘을 기르는 것이 중요합니다.

새로운 세대를 위한 새로운 읽기 능력

디지털 시대의 문해력은 기존의 개념을 뛰어넘어야 합니다. 단순히 글을 읽는 것을 넘어, 신뢰할 정보를 골라내는 힘이 필요합니다. 가짜 뉴스를 판별하는 능력도 중요합니다. 소셜 미디어와 알고리즘이 우리에게 미치는 영향을 이해해야 합니다. 영상, 이미지, 데이터 시각화까지. 다양한 콘텐츠를 분석하고 표현할 수 있는 종합적인 문해력이 필요합니다.

디지털 시대, 읽기의 의미를 다시 생각하다

이 책은 디지털 네이티브 세대에 주목합니다. 이들은 기존 세대와는 전혀 다른 방식으로 정보를 접하고 이해합니다. 클릭 몇 번으로 방대한 정보를 얻고, 짧고 직관적인 콘텐츠에 익숙한 이 세대는 새로운 방식으로 사고하고 학습합니다.

PART 1에서는 디지털 네이티브 세대가 누구인지, 그리고 이들에게 필요한 문해력이 무엇인지 깊이 있게 탐구합니다. 또한, 이들이 단순히 정보를 소비하는 데 그치지 않고 주체적으로 사고하고 성장할 수 있도록 돕는 방법도 함께 살펴봅니다.

PART 2에서는 디지털 시대에 맞는 새로운 문해력 교육 방법을 제안합니다. 어릴 때부터 시작하는 평생 문해력 교육, 책과 디지털 콘텐츠의 조화로운 활용법을 다룹니다. 창의적 글쓰기와 공감 능력을 기르는 독서법을 통해 아이들이 주체적으로 사고할 수 있도록 돕습니다.

PART 3에서는 미래 사회에서 필요한 문해력의 핵심 역량 10가지를 소개합니다. 정보의 홍수 속에서 가짜 뉴스를 판별하는 법, 알고리즘의 편향성을 이해하는 법 그리고 검색력을 키우는 방법 등 디지털 시대에 꼭 필요한 실질적인 기술을 다룹니다.

PART 4에서는 문해력을 키우는 스마트한 디지털 도구 10가지를 제시합니다. 전자책 리더기, AI 학습 도구, 데이터 시각화 도구 등 현대적인 학습 도구를 통해 읽기와 쓰기 능력을 효과적으로 강화하는 방법을 제안합니다.

마지막으로, PART 5에서는 디지털 시대에도 변하지 않는 읽기의 본질과 깊이 읽기의 중요성을 이야기합니다. 읽기를 통해 생각하는 힘을 기르고, 깊은 사유와 내면의 성장을 통해 삶을 풍요롭게 만드는 법을 제시하며, 디지털 시대의 생존 문해력을 완성합니다.

함께 성장하는 생존 문해력, 함께 만들어가는 미래

디지털 시대를 살아가는 아이들에게는 단순히 글을 읽고 쓰는 것을 가르치는 것만으로는 충분하지 않습니다. 이제는 정보를 올바르게 이해하고, 가짜 뉴스에 속지 않으며, 스스로 문제를 해결하는 힘이 필요합니다.

아이들은 주어진 정보를 그대로 받아들이는 것이 아니라, 스스로 질문하고 답을 찾는 정보 활용 능력을 길러야 합니다. 이 책은 부모와 교사, 그리고 아이들을 가르치는 모든 사람에게 디지털 시대에 꼭 필요한 문해력을 키우는 실천 방법을 제시합니다. 넘쳐나는 정보 속에서 흔들리지 않고, 스스로 성장하며 내면의 힘을 키울 수 있도록 돕는 일은 아이들의 생존과도 연결됩니다.

디지털 원주민 세대인 하연이, 하윤이, 하린이와 함께 디지털 세상을 탐험하며 배워가는 모든 부모들에게 이 책을 바칩니다. 익숙한 디지털 세계 속에서 때로는 길을 잃고, 때로는 새로운 가능성을 발견하며 함께 성장하는 여정이 되기를 바랍니다.

2025년 3월
행복바이러스 연구실에서
진정용

PART 1

디지털 네이티브
세대가 온다

디지털 네이티브 세대는 스마트폰과 인터넷에 익숙합니다. 하지만 정보를 깊이 이해하고 올바르게 활용하는 능력은 아직 부족합니다. 넘쳐나는 정보 속에서 올바르게 정보를 받아들이려면 비판적으로 사고하고 깊이 읽는 힘을 길러주어야 합니다.

이 장에서는 디지털 시대의 문해력 변화와 아이들의 주체적인 성장을 돕는 방법이 무엇인지 탐색합니다.

1

디지털 네이티브
세대가 온다

응원봉이 등장한 새로운 시위문화

정말 깜짝 놀랐습니다. 지난 2024년 12월 3일 밤, 윤석열 대통령이 비상계엄을 선포했다는 소식에 밤잠을 설쳤습니다. 갑작스럽게 나라가 비상시국에 놓이다니, 도무지 믿기지 않는 현실이었습니다.

그날 이후, 대통령 퇴진을 촉구하는 거대한 시위 물결이 전국 곳곳에서 이어지고 있습니다.

이번 시위에서 가장 눈길을 끄는 점이 하나 있습니다. 과거에는 촛불이 저항의 상징이었다면, 이제는 아이돌 응원봉이 그 자리를 대신하고 있습니다. 시대가 변하면서 저항의 방식도 새로운 색깔을 더해 가고 있습니다.

촛불은 바람에 꺼질 위험이 있지만 응원봉은 한 번 충전하면 오랜 시간 빛을 낼 수 있습니다. 아주 실용적이면서도 자신이 좋아하는 아이돌의 정체성까지 담을 수 있습니다. 자신만의 개성 있는 스타일로 누구나 시위에 참여할 수 있다는 게 새로운 시위 문화의 독특한 흐름입니다. 특히, 여성들의 참여와 2030 세대의 주도로 MZ 세대만의 독창적인 시위 문화가 만들어지고 있습니다.

영국의 BBC는 한국의 시위 문화를 "대형 스크린과 크레인 카메라가 설치되어 마치 야외 음악 축제 같았다."고 보도했습니다. 독일의 주간지 〈데어 슈피겔(Der Spiegel)〉은 윤석열 대통령 탄핵 과정을 "민주주의의 승리다."라고 평가했습니다.

특히, 한국의 시민 사회와 국회가 민주적 가치를 지키기 위해 적극적으로 행동한 점을 강조했습니다.

이처럼 한국의 시위 문화는 단순한 항의를 넘어, 창의성과 성숙한 민주주의가 결합된 새로운 형태의 문화로 자리 잡고 있습니다. 과거의 투쟁적 시위와 달리 시민들이 자발적 참여로 평화롭고 질서 있는 분위기를 유지하는 것이 특징입니다.

응원봉 시위를 주도한 이들은 누구인가

시위를 주도한 세대가 누구일까요? 바로 MZ 세대입니다. MZ 세대는 밀레니얼 세대(Millennials)의 'M'과 Z세대(Generation Z)의 'Z'를 합친

용어입니다. MZ 세대는 1980년대 초부터 2000년대 초반에 태어난 '밀레니얼 세대'와 1990년대 중반부터 2010년대 초반에 태어난 'Z세대'를 아우르는 용어입니다.

이들은 시위에서 응원봉 신드롬을 일으키며 새로운 문화를 만들었습니다. 기존의 민중가요 대신 아이돌의 케이팝 음악에 맞춰 구호를 외치는 모습은 색다른 시위 풍경을 연출했습니다.

응원봉 신드롬에 대해 최요한 시사평론가는 '민주시민 교육의 성과가 발휘된 사례'라고 평가했습니다. "박근혜 탄핵을 경험한 세대가 민주시민 교육을 통해 성장했고, 위기 상황에서 그 기지를 발휘했다."라고 분석했습니다[3].

SNS를 활용하여 적극적인 소통과 연대를 하는 행위도 돋보였습니다. 집회가 시작되기 전부터 SNS에 해시태그를 붙이면서 다양한 시위 정보 공유와 홍보가 활발히 이루어졌습니다.

사람들은 실시간으로 시위 상황을 알리면서 시민들의 참여와 연대를 독려했습니다. 현장에서는 영상 콘텐츠를 제작하거나 실시간 스트리밍을 통해 집회 현장의 메시지를 빠르게 확산시켰습니다.

온라인과 오프라인의 경계가 사라지고, 참여하지 못했던 사람들도 집회 분위기와 흐름을 느낄 수 있었습니다. 이들은 디지털 기술에 익숙하면서도 아날로그 감성을 함께 지니고 있습니다.

MZ 세대는 태어날 때부터 스마트폰과 소셜 미디어에 익숙한 디지털 네이티브 세대입니다.

온라인 환경에서 자연스럽게 정보를 습득하고 의사소통하며, 소비 활동도 대부분 온라인에서 이뤄집니다. 개성을 중시하고 자유로운 가치관을 추구하며, 남들과 다른 자신만의 스타일을 중요하게 생각합니다.

그뿐만 아니라 이들은 다양한 경험을 추구하고 사회 문제에 관심이 많습니다. 공동체 가치를 중요시하는 특징도 있습니다. 특히 인스타그램, 유튜브 등 다양한 디지털 채널을 활용해 소통합니다. 디지털 기술에 대한 높은 이해도와 활용 능력을 가지고 있습니다.

따라서 기성 세대는 이들과 소통할 때, 이들의 디지털 문화를 이해하고 그들의 특징을 반영하면서 소통하는 것이 중요합니다.

새로운 세대, 읽기 능력을 다시 바라보다

최근 한국 사회에서 유행처럼 번지고 있는 현상 중 하나가 바로 '청소년들의 문해력이 떨어지고 있다'라는 담론입니다.

지난 2021년 EBS 〈당신의 문해력〉 제작팀에서는 ㈜낱말과 함께 전국 중학교 3학년 학생 2,405명을 대상으로 한 문해력 진단 평가를 실시했습니다. 그 결과 중학교 3학년 수준에 미달하는 아이들의 비율이 27%에 달했으며, 적정 수준이 35%, 초등 수준에 해당하는 아이들의 비율이 11%였습니다.[4] 이 프로그램에서는 '문해력이 위기다.'라고 하며 문제의 심각성을 제기했습니다. 이때부터 대한민국에 문해력 열풍이 본격적으로 불기 시작했습니다.

그뿐만 아니라 우리나라 10대 학생들의 문해력 저하의 근거로 OECD에서 실시하는 PISA(국제학업성취도평가)를 제시하기도 합니다. 2018년도에 실시한 PISA의 읽기 영역의 평가 결과를 보면 우리나라는 평균 점수가 514점으로 6위~11위를 차지했습니다. 이는 읽기 영역의 순위가 지난 2006년 이후 지속적으로 하락하고 있다는 것을 보여줍니다.

PISA의 결과를 보면 최하위 수준에 해당하는 학생 비율이 2000년 5.7%에서 2018년 15.1%로 늘어난 것을 볼 수 있는데, 이는 문제의 심각성을 잘 나타냅니다.[5] 2021년 한국교원단체 연합회가 전국 초중고 교사 1천152명을 대상으로 한 조사에서도 10명 중 4명의 문해력 수준이 70점대(C 등급)라며 한국 청소년의 문해력 위기가 심화되고 있다[6]고 발표하고 있습니다.

글을 읽고도 이해하지 못하는 아이들

청소년들의 문해력 수준이 낮은 이유로는 유튜브와 같은 영상 매체가 73%로 가장 큰 비중을 차지했습니다. 이어서 독서를 소홀히 한 이유가(54.3%), 한자 교육 부족이(16.6%), 학교에서의 어휘 교육 소홀이(13.9%) 순으로 나타났습니다.[7]

전주교육대학교 국어교육과 최규홍 교수는 문해력 저하의 원인으로 '학생들이 책 대신 인터넷을 통해 정보를 접하는 환경에 익숙해진 점'을 지적합니다.[8] 필요한 정보만 골라보는 방식에 익숙해지면서 글을 꼼꼼하게 읽는 능력이 약화되었기 때문이라는 것입니다.

코로나 19 이후 학생들이 학교에서 충분한 교육을 받지 못하면서 읽기 능력 발달이 더 크게 저하된 것도 주요 원인으로 지적됩니다. 전문가들은 이 같은 문해력 문제가 방치될 경우, 단순한 학습 손실을 넘어 고등교육 기회의 축소, 노동시장 참여의 제한, 나아가 미래 소득의 감소로까지 이어질 수 있다고 경고합니다.

이러한 문제의식이 대두되면서 아이들의 문해력을 높이려는 관심이 높아졌습니다. 이른바 '문해력 열풍'이 불고 있습니다. 문해력 위기가 주목받으면서, 공교육과 사교육 현장에서는 문해력을 강화하기 위한 다양한 독서 프로그램과 방법론이 등장하고 있습니다.

'문해력을 높이는 독서 교육', '책 좋아하는 아이로 만드는 독서 습관', '아이들의 문해력을 키우는 엄마표 학습법', '초등 문해력이 평생 성적을 결정한다', '문해력 교육은 국가가 책임져야 한다', '초등 문해력 향상을 위한 적기교육', '문해력 유치원' 등과 같은 자극적인 문구가 눈길을 끕니다. 문해력과 관련된 키워드만 검색해도 우리나라의 문해력 교육에 대한 높은 열기를 쉽게 실감할 수 있습니다.

문해력 교육, 이제는 달라져야 한다

아이들이 글을 읽고 이해하는 역량이 부족하다는 점은 분명한 사실입니다. 아이들의 문해력을 높이기 위한 다양한 시도와 교육 방법이 필요하다는 것 또한 틀림없는 사실입니다.

하지만 문자 텍스트를 읽고 이해하는 능력만으로 아이들의 역량을 평가하는 것은 또 다른 획일화된 평가 방식입니다. 자칫 잘못하면 시대의 흐름에 부합하지 않는 교육 방법이 될 수 있습니다.

전통적으로 문해력 교육은 학력고사와 수학능력시험을 중심으로 이루어져 왔습니다. 학생들은 텍스트에서 정보를 찾아내고, 단어의 의미와 문맥을 파악하는 방식으로 학습해 왔습니다.

시대가 급격히 변화하면서, 이제는 문해력의 개념을 다시 정의할 필요가 있습니다. 현재의 문해력 평가는 사회적 환경, 특히 미디어 환경의 변화를 충분히 반영하지 못하고 있습니다. 여전히 전통적인 기준에서 문해력을 평가합니다.

디지털 네이티브 세대는 유튜브를 검색 엔진처럼 활용합니다. 또한, 유튜브 채팅 기능을 사용해 영상을 보면서 실시간으로 소통합니다. 기존에는 텍스트 중심의 문해력이 기초가 되고 그 위에 영상 소셜 미디어 검색이 올라갔다면, 이제는 역전이 되었습니다. 텍스트를 당연시하기 힘든 시대입니다.

문제는 우리 사회가 이러한 변화를 어떻게 인식하고 개념화할지, 또 무엇을 가르칠지에 대한 논의가 아직 충분히 이뤄지지 않았다는 점입니다. 네이티브 세대는 동영상과 이미지 중심의 소셜 미디어를 일상적으로 접하며 살아갑니다. 그런데 이들은 여전히 현실과 동떨어진 방식으로 어른들에게 평가받고 있습니다.

　새로운 문해력에 대한 평가 기준이 필요합니다. 아직 어른들에게도 평가 기준이 없습니다. 여전히 성인들은 자신들이 익숙한 기준으로 새로운 세대를 평가합니다. 과연 이러한 방식이 적절한 평가인지 고민해 볼 필요가 있습니다.

2

문해력,
이제 단순한 읽기가 아니다

디지털 시대, 문해력을 다시 정의하다

"문해력이 중요하다!" 너무 자주 들어서 이제는 식상하게까지 느껴집니다. 정말 그만큼 문해력이 중요한 걸까요? 아니, 어쩌면 우리가 생각하는 것보다 훨씬 더 절박한 문제일지도 모릅니다.

지금까지 한국 사회에서 문해력(文解力, literacy)은 주로 글자를 읽고 이해하는 능력으로만 평가했습니다. 전통적인 의미에서의 문해력입니다. 디지털 기기에 익숙한 채 태어난 아이들에게 이런 기준은 미디어 환경의 변화를 반영하지 못한 평가입니다.

실제로 국제연합교육과학문화기구(UNESCO)에서는 문해력을 '다양한 맥락에서 인쇄물과 필기 자료를 활용해 정보를 찾아내고, 이해하며, 의미를 창조하고, 소통하며, 계산하는 능력'이라고 정의하고 있습니다.[9]

문해력은 단순히 글을 읽고 이해하는 능력을 넘어서는 다면적 역량입니다. 이제 문해력은 문자 기반 자료를 해석하는 것을 넘어, 인터넷에서 정보를 검색하고 분석하면서 활용하는 능력까지 포함합니다. 새로운 정보를 만들어내고 소통하는 역량 또한 중요해지고 있습니다. 과거에는 문해력이 주로 읽기, 쓰기, 계산 능력에 초점을 맞췄습니다.

그러나 디지털 시대에는 방대한 정보 속에서 필요한 내용을 선별하고 활용하는 능력이 중요합니다. 더 나아가, 이를 바탕으로 새로운 가치를 창출하는 역량까지 포함하도록 문해력을 재정의해야 합니다.

텍스트를 넘어 멀티 리터러시로

우리나라에서 문해력이라는 말은 처음에 '문식성'에서 시작되었습니다. 문식성이란 글을 읽고 쓰는 기본적인 능력을 뜻합니다. 하지만 요즘에는 문해력을 '리터러시(literacy)'라는 개념으로 좀 더 폭넓게 사용하고 있습니다.

리터러시는 글을 읽고 쓰는 데 그치지 않고, 이를 활용해 정보를 찾고, 이해하고, 분석하며, 다른 사람과 소통하면서 문제를 해결하는 능력입니다.

1996년, 〈하버드 에듀케이셔널 리뷰(Harvard Educational Review)〉에 실린 기사에 따르면 전통적인 텍스트 중심의 리터러시는 서구 근대 사회에서 핵심적인 역할을 해 왔습니다. 그러나 1990년대 중반 이후 사회적 변화가 가속화되면서, 기존의 리터러시 개념을 새롭게 정립해야 한다는 주장이 제기되었습니다.[10]

앞으로의 세계에서는 문해력이 단순히 텍스트를 읽고 쓰는 능력을 의미하지 않을 것이며, 소리, 이미지, 공간, 제스처 등을 포함하는 멀티 리터러시(multi literacy)의 하위 분야로 자리 잡게 될 것입니다.

이미 1990년대 중반부터 문자 기반 텍스트가 사회와 교육에서 중심적인 역할을 할 수 없다는 논의가 시작되었습니다.

디지털 기술이 빠르게 발전하면서, 학교 교육도 이에 맞춰 변화해야 하는 상황에 이르렀습니다. 이러한 흐름에 따라, 우리나라 교육부는 2015년 개정 교육과정에서 '정보를 찾아 활용하는 능력'을 중요한 학습 목표 중 하나로 설정했습니다.

학생들이 디지털 정보를 효과적으로 찾고 활용할 수 있도록 돕겠다는 새로운 교육의 방향성을 정립한 것입니다. 앞으로의 학습은 단순한 암기에서 벗어나야 합니다. 필요한 정보를 찾고 올바르게 활용하는 능력을 기르는 방향으로 발전해야 합니다.

문해력 저하? 새로운 기준이 필요하다

우리나라 10대 학생들의 문해력이 낮아졌다는 근거로 OECD가 실시하는 PISA(국제학업성취도평가) 결과를 제시합니다. 그러나 이 평가는 주로 읽기 영역에 초점을 맞추고 있습니다.

디지털 네이티브 세대인 10대들은 이미 두세 살 무렵부터 스마트폰과 태블릿 같은 전자기기를 사용합니다. 터치와 조작에 익숙해져 있습니다. 더 이상 텍스트가 영상보다 우위에 있는 시대가 아니라는 점을 보여줍니다.

10대 청소년들은 필요한 자료를 찾을 때 검색 엔진보다 유튜브를 사용합니다. 심지어 유튜브의 채팅 기능을 활용해 영상을 보며 정보를 융합하고 서로 소통합니다.

예전에는 글을 읽고 이해하는 능력이 기본이고, 그 위에 영상이나 소셜 미디어를 활용하는 능력이 더해졌습니다. 하지만 이제는 반대로, 영상과 소셜 미디어를 다루는 능력이 기본이 되고, 글을 읽고 이해하는 능력이 그 위에 쌓이는 형태로 바뀌고 있습니다.

영상이 우선시되고 텍스트가 그 뒤를 따르는 구조입니다.

이러한 미디어 환경의 변화를 고려하지 않은 채, 여전히 문자 텍스트 능력만으로 학생들을 평가하는 것은 성인 중심적인 방식입니다.

새로운 세대를 위한 교육은 미디어 리터러시의 중요성을 강조해야 합니다. 그러나 실제 평가는 여전히 전통적인 텍스트 중심의 기준을 따르고 있습니다. 오늘날의 10대들에게 이는 공정한 평가 방식이라고 보기 어렵습니다.

디지털 세대 이해하기

디지털 이민자인 어른들에게는 10대들의 리터러시 능력이 잘 보이지 않습니다. 어른들은 변화하는 미디어 환경을 충분히 이해하지 못하고, 여전히 전통적인 읽기와 이해 능력만을 문해력의 핵심으로 보고 있습니다. 그래서 기대보다는 걱정을 더 많이 합니다. 전통적인 학습에서는 미디어 활용이 집중력을 방해한다고 여겨, 미디어를 잘 다루는 능력을 인정하지 않습니다. 이로 인해, 10대들이 실제로 가지고 있는 새로운 리터러시 능력을 제대로 평가하지 못합니다.

전통적인 공부 방식처럼 책을 열심히 읽고 공부에만 온전히 집중하기 바라는 어른들이 많습니다. 디지털 환경에서 성장한 10대들은 스스로 디지털 세계에서 필요한 능력을 배우고 익히며 성장하고 있습니다. 이전 세대에 요구되었던 능력과 디지털 시대에 필요한 능력이 다릅니다. 미디어와 디지털 기기가 그들의 삶에서 어떤 의미를 가지는지 살펴보는 열린 시각이 필요합니다.

디지털 원주민 vs. 디지털 이주민, 무엇이 다를까?

디지털 네이티브 세대를 이해하려면 디지털 이주민(Digital Immigrants)과 디지털 원주민(Digital Natives) 차이를 알아야 합니다. 이 용어는 교육학자 마크 프렌스키(Marc Prensky)가 처음 사용했습니다. 그의 저서 『디지털 네이티브: 그들은 어떻게 배우는가』에서 그는 '최첨단 디지털 기술이 학생들의 정보 습득 방식과 사고 방식에 큰 영향을 미쳤다.'라고 설명했습니다. 그는 기존 교육 방식이 이러한 세대에게 더 이상 효과적이지 않다고 주장했습니다.

디지털 이주민은 디지털 기술이 보급되기 전에 태어난 세대입니다. 그들은 성인이 된 후 디지털 환경을 접했습니다. 아날로그 환경에서 성장했기 때문에 디지털 기술을 사용하는 데 시간이 걸립니다. 학습을 통해서 배웁니다. 종이책이나 전화 같은 전통적인 방식을 선호합니다. 이들은 디지털 기술 사용에 신중하며 변화를 천천히 받아들이는 특징이 있습니다.

반면, 디지털 원주민은 디지털 기술이 일상화된 환경에서 태어났습니다. 자연스럽게 디지털 기기를 사용하는 세대입니다. 1980년대 후반에서 2000년대 초반 이후 태어났습니다. 이들은 스마트폰, 인터넷, 소셜 미디어를 학습 없이 직관적으로 활용할 수 있습니다. 멀티태스킹에 능하고, 필요한 정보를 빠르게 검색하고 활용합니다. 소셜 미디어를 통해 연결과 공유를 자연스럽게 이어갑니다.

이 두 세대의 차이를 이해하는 것은 디지털 격차를 줄이고, 보다 효과적인 교육과 소통 방식을 마련하는 데 꼭 필요합니다. 디지털 이주민은 새로운 기술에 꾸준히 적응해야 하며, 디지털 원주민은 기술을 올바르게 사용하고 책임감을 갖도록 가르쳐야 합니다.

<디지털 원주민(Digital Natives)과 디지털 이주민(Digital Immigrants)의 차이점>

항목	디지털 원주민	디지털 이주민
기술 습득 방식	자연스럽고 직관적	학습과 연습을 통해 습득
멀티태스킹	매우 익숙함	비교적 어려움을 느끼는 경우가 많음
정보 검색 및 활용	즉각적이며 다양한 디지털 도구 활용 가능	주로 전통적인 방식 선호
커뮤니케이션 방식	소셜 미디어와 메시징 중심	이메일, 전화 등 비교적 전통적인 방법 사용

새로운 방식의 문해력 평가가 필요하다

전통적인 글 읽기 중심 평가만 해서는 디지털 시대에 태어난 아이들의 역량을 충분히 평가하기 어렵습니다. 환경과 필요를 반영한 새로운 문해력 평가가 필요합니다.

디지털 문해력은 단순히 글을 읽고 이해하는 것을 넘어, 다양한 형태의 정보를 해석하는 능력까지 포함해야 합니다.

이를 위해, 영상, 그림, 소리 같은 콘텐츠를 이해하고 활용하는 능력이 중요합니다. 필요한 정보를 검색하고 올바르게 판단하는 능력도 갖춰야 합니다. 소셜 미디어를 효과적으로 활용하는 역량까지 디지털 문해력의 핵심 요소로 포함되어야 합니다.

평가 방식도 실생활과 비슷한 문제를 활용하거나, 디지털 기술을 적용한 방법을 도입해야 합니다. 예를 들어, 가상 체험을 통한 평가, 컴퓨터를 이용한 자동 채점 시스템 등이 있습니다. 또한, 평가 후에는 학생들이 어떻게 더 발전할 수 있을지 알려주는 구체적인 피드백을 제공하는 것이 중요합니다.

공정한 평가를 위해서는 모든 학생이 디지털 기기와 인터넷을 자유롭게 이용할 수 있도록 보장해야 합니다. 글뿐만 아니라 사진, 영상, 소리 등 다양한 방식의 학습 자료를 반영한 평가가 필요합니다. 디지털 기기를 다루는 데 익숙하지 않은 학생들을 위한 지원도 마련해야 합니다. 기술을 다루는 능력과 문해력을 구분하여 평가의 공정성을 유지해야 합니다.

평가 방식에는 영상 분석, 신뢰할 수 있는 정보 찾기, 소셜 미디어 속 거짓 정보 판별 등이 포함될 수 있습니다. 디지털 도구를 활용한 협업 프로젝트도 중요한 평가 요소가 될 수 있습니다.

이러한 접근법은 디지털 시대에 맞는 새로운 문해력 평가 방식을 제시할 수 있습니다. 학생들의 역량을 더 공정하고 효과적으로 측정하는 데 도움을 줄 수 있습니다.

3

디지털 문해력 vs 전통적 문해력

완벽한 글 읽기가 아니어도 괜찮다

제가 운영하는 독서 교실을 찾는 학부모들의 고민은 대개 비슷합니다.

"우리 아이가 책을 잘 읽지 않아요."

"글쓰기를 너무 힘들어해요."

"책을 읽고 내용을 잘 이해하는지 모르겠어요."

"언제까지 책을 읽어줘야 할까요?"

많은 학부모들이 아이들의 읽기와 쓰기 능력에 대해 걱정합니다. 아이들의 문해력 저하를 심각하게 느끼고 있습니다.

이야기를 듣다 보면, 부모들이 전통적인 문해력 기준에만 초점을 맞추고 있지는 않은지 생각하게 됩니다.

아이들이 글을 읽고 이해하는 능력만으로 평가받는다면, 그들이 가진 다른 강점이나 잠재력을 놓치게 됩니다.

전통적인 문해력은 여전히 중요합니다. 하지만 디지털 시대를 살아가는 아이들에게는 새로운 형태의 문해력 또한 필요합니다.

정보 환경이 급변하고 다양한 매체가 등장하는 현대 사회에서는, 문해력을 다각도로 이해하려는 노력이 필요합니다.

기본을 다지는 힘, 전통적 문해력

전통적인 문해력은 텍스트를 읽고 쓰며 이해하는 능력입니다. 주로 종이 매체와 구술 중심의 학습 환경에서 발전했습니다. 깊이 있는 읽기와 비판적 사고를 통해 정보를 분석하고 표현하는 데 중점을 둡니다. 전통적인 문해력은 읽기, 쓰기, 비판적 사고 능력을 중심으로 평가합니다.

가장 먼저 읽기 능력이 강조됩니다. 단어와 문장을 정확히 읽고, 문법과 어휘, 문장 구조를 이해하며 내용을 파악하는 능력이 중요합니다. 다음으로는 쓰기 능력이 중요합니다. 읽은 내용을 자신의 언어로 정리하거나, 새로운 아이디어를 문장으로 표현하는 글쓰기 능력이 중요합니다. 마지막으로 비판적으로 사고하는 능력이 요구됩니다. 글을 읽고 의미를 분석하며, 저자의 의도와 메시지를 평가하는 능력이 전통적인 문해력의 핵심입니다.

전통적인 문해력은 주로 학교 교육을 통해 체계적으로 학습됩니다.

학교에서 학생들은 텍스트를 읽고 이해하는 기본기를 다집니다. 나아가 이러한 능력을 더 어려운 공부나 사회생활에서 활용할 수 있도록 돕습니다. 특히, 한국에서는 입시가 중요하기 때문에 전통적인 문해력이 여전히 중요한 학습 기반으로 여겨지고 있습니다.

현대 사회를 살아가는 데 꼭 필요한 능력, 디지털 문해력

디지털 기술이 발전하면서 이제는 새로운 형태의 문해력이 요구되고 있습니다. 디지털 문해력은 단순히 텍스트를 읽고 쓰는 것을 넘어, 디지털 기기와 매체를 통해 정보를 탐색하고 해석하며, 이를 활용해 소통하는 능력을 포함합니다. 한 마디로 이는 정보 활용 능력입니다.

현대의 디지털 환경은 문자 텍스트뿐만 아니라 영상, 이미지, 오디오 등 다양한 멀티미디어 콘텐츠를 포함합니다. 정보는 실시간으로 변화하고 업데이트됩니다. 사용자는 이러한 정보의 신뢰성을 판단하고 효율적으로 활용해야 합니다.

디지털 문해력은 정보를 단순히 소비하는 데 그치지 않고, 창출하고 공유하는 데까지 중점을 둡니다.

예를 들어, 교과서에서 "태양계의 구조"를 배우는 아이가 교과서 텍스트를 완전히 이해하지 못하더라도, 디지털 문해력을 통해 유튜브 동영상, 3D 시뮬레이션, 인터랙티브(interactive) 웹사이트 등을 활용해 효과적으로 학습할 수 있습니다.

이러한 디지털 도구는 아이들에게 정보를 새로운 방식으로 이해하는 기회를 제공합니다. 또한, 디지털 문해력은 번역 앱, 음성 인식, 텍스트-음성 변환(TTS) 같은 기술을 통해 전통적인 문해력의 한계를 보완합니다.

외국어를 몰라 불편함을 느꼈던 과거와 달리, 이제는 디지털 기술을 활용해 누구나 외국어를 몰라도 디지털 도구를 활용해 필요한 정보를 얻고 소통할 수 있는 시대입니다.

전통적 문해력과 디지털 문해력, 함께해야 더 강하다

전통적인 문해력과 디지털 문해력은 서로 다른 강점을 가지고 있습니다. 함께 활용될 때 가장 큰 효과를 냅니다. 전통적인 문해력은 깊이 있는 읽기와 비판적 사고를 통해 기초적인 정보 이해 능력을 제공합니다. 디지털 문해력은 다양한 매체에서 정보를 찾고 활용하며, 다른 사람들과 소통하는 능력을 더합니다.

디지털 환경에서 정보를 탐색할 때 전통적인 독해 능력과 비판적 사고를 여기에 결합할 수 있게 되면, 사용자는 더 신뢰할 수 있는 정보를 정확히 찾아낼 수 있습니다. 또한, 디지털 문해력을 통해 다양한 매체를 활용하는 능력을 키우면서, 전통적인 문해력을 바탕으로 깊이 있는 분석과 사고를 지속할 수 있는 역량이 강화됩니다.

일상에서의 디지털 문해력이 중요하다

얼마 전 아이들과 함께 가족 여행으로 베트남 나트랑으로 여행을 갔던 적이 있었습니다. 현지 시장에 갔을 때 저는 베트남어를 몰라 물건 가격을 물어보거나 간단한 인사조차 어려워 난감해하고 있었습니다. 가게 주인과 눈만 마주친 채 어색한 미소만 짓고 있었습니다. 그런데 아이들은 달랐습니다. 스마트폰을 꺼내더니 익숙한 손놀림으로 번역 앱을 실행하고, 음성 인식 기능을 사용해 한국어로 말한 후 베트남어로 번역된 문장을 들려주었습니다. 가게 주인의 얼굴에 미소가 번지며 가격을 알려줬고, 아이들은 자연스럽게 계산까지 척척 해냈습니다. 심지어 "감사합니다."라는 베트남어 '깜언'으로 인사말까지 익혀 능숙하게 소통하는 걸 보았습니다.

저는 옆에서 '저게 진짜 되네?' 하고 속으로 감탄했습니다. 저에게는 막막했던 언어 장벽이 아이들에겐 그저 앱 하나로 넘을 수 있는 작은 언덕에 불과했던 것입니다. 이 모습을 보며 '이것이 디지털 문해력의 한 예구나!' 하고 깨달았습니다. 단순히 스마트폰을 잘 다루는 것이 아니라, 상황에 맞게 필요한 도구를 찾아내고, 그 도구를 통해 문제를 해결하는 능력이야말로 디지털 시대의 진짜 문해력임을 실감했습니다.

디지털 문해력은 단순히 학습 도구로서만 유용한 것이 아니라, 실생활에서도 응용할 수 있는 중요한 역할을 합니다. 아이들은 이를 통해 언어적 장벽을 줄이고, 새로운 환경에서도 능동적으로 문제를 해결할 수 있는 능력을 키워갑니다.

읽기와 사고의 변화, 두 문해력의 균형이 필요하다

디지털 시대에는 전통적인 문해력과 디지털 문해력이 모두 필요합니다. 전통적인 문해력은 텍스트를 읽고 이해하게 해주며, 깊이 있는 사고를 가능하게 합니다. 디지털 문해력은 빠르게 변화하는 환경에서 정보를 탐색하고, 신뢰성을 판단하며, 다양한 매체를 활용해 소통할 수 있게 해주는 문제 해결 능력을 제공합니다.

이 두 문해력이 조화를 이룰 때, 아이들은 정보화 사회에서 주도적이고 창의적으로 살아갈 수 있는 역량을 갖추게 됩니다. 전통적인 문해력을 기반으로 디지털 문해력을 발전시킨다면, 아이들은 더 깊이 있는 지식을 습득하고 디지털 환경에서도 능숙하게 소통하며 학습할 수 있습니다.

4

정보 홍수 속에서
길을 찾는 법

"헉, 나 죽었어! 너가 캐리해!"

어느 날, 저는 둘째 아들의 아침 일상을 들여다본 적이 있었습니다.

아들은 눈을 뜨자마자 침대 머리맡에 둔 스마트폰을 집어 들었습니다.

아이는 "잠깐만 확인해야지….".라며 습관처럼 버튼을 눌렀습니다.

순간, 유튜브 쇼츠와 틱톡 영상이 쏟아져 나왔습니다.

"와, 이거 완전 꿀잼인데?"

짧고 자극적인 밈, 인기 틱톡커의 댄스 챌린지, 초 단위로 편집된 웃긴 상황극이 끊임없이 이어졌습니다.

영상이 끝날 때마다 자동 재생되는 다음 영상에 눈을 떼지 못했고, 손가락은 멈추지 않았습니다.

아들은 잠이 덜 깬 반쯤 감긴 눈으로 스크롤하며 웃음을 터뜨리기도

했습니다.

"헉, 벌써 시간이 이렇게 됐네?"

시계를 보니 20분이 훌쩍 지나 있었습니다.

그때, 화면 위로 게임 유튜브 알림이 떴습니다.

로블록스와 마인크래프트라는 게임의 최신 업데이트 소식입니다.

브롤스타즈라는 게임의 새로운 캐릭터 공략 영상도 떴습니다.

아들은 링크를 클릭했습니다.

화려한 그래픽과 현란한 스킬, 유명 스트리머의 재치 있는 멘트,

'좋아요'와 '구독' 숫자가 끊임없이 올라가는 장면이 이어졌습니다.

아들은 또 시간 가는 줄도 모르고 빠져들었습니다.

"띠링!"

카톡 알림이 울렸습니다.

"야, 지금 '브롤' 들어와! 신캐 나옴!"

아들은 순식간에 게임 앱을 열었고, 실시간 멀티플레이가 시작됩니다.

헤드셋을 끼고 친구들과 실시간으로 대화하며 팀플레이를 했습니다.

"야, 뒤에서 온다! 막아줘!"

"헉, 나 죽었어! 너가 캐리해!"

눈앞에 학교는 없고, 아들의 머릿속은 게임 속 전장이 되었습니다.

시간 가는 줄 모르게 이어진 게임.

결국, 아침 식사도 대충 때우고 준비물도 허겁지겁 챙긴 채 학교로 뛰

어나갔습니다.

아들의 머릿속은 아침부터 쇼츠 영상, 게임 유튜브, 그리고 실시간 게임 장면으로 가득 차 있습니다.

정보의 홍수 속에서 살아가는 아이들

눈을 뜨자마자 스마트폰을 잡는 순간, 정보는 쉴 새 없이 밀려옵니다. 정보 과부하는 이제 아이들의 일상이 되었습니다.

이러한 환경이 아이들에게 어떤 영향을 미치고 있는지 깊이 생각해 볼 필요가 있습니다.

초등학생들은 스마트 기기를 통해 방대한 정보를 접합니다. 이 과정에서 혼란과 스트레스를 경험합니다. 선택지는 너무 많고, 정보는 넘쳐나며, 중요한 것과 그렇지 않은 것을 구별하기 어려운 상황이 자주 발생합니다.

초등학교 5학년 지훈이는 학교 발표를 준비하기 위해 스마트폰으로 자료를 검색했습니다. 발표 주제와 관련된 정보뿐만 아니라 광고, 블로그, 유튜브 영상이 한꺼번에 쏟아졌습니다. 어떤 자료를 선택해야 할지 몰라 시간을 허비하다 결국 발표 준비를 제대로 마치지 못했습니다. 같은 반이었던 은지는 역사 숙제를 하기 위해 '한국 전쟁'을 검색했지만, 검색어가 너무 광범위해 엉뚱한 자료들이 함께 나왔습니다. 결과적으로 숙제를 끝내지 못했고 좌절감을 느꼈습니다.

초등학생들은 정보의 양뿐만 아니라 정보를 다루는 기술 부족으로 어려움을 겪고 있습니다. 뇌가 아직 발달 중인 이 시기에 정보 과부하는 단순히 스트레스 요인에 그치지 않고 학습과 성장에도 부정적인 영향을 줄 수 있습니다. 그렇다면, 정보 과부하 시대를 살아가는 아이들에게 필요한 것은 무엇일까요?

정보 과부하에 취약한 아이들

아이들의 뇌는 아직 발달 단계에 있기 때문에 정보 과부하에 더 취약합니다. 스마트폰을 통해 너무 많은 정보에 노출되면, 뇌는 중요도에 따라 정보를 정리하고 저장하는 데 어려움을 겪습니다. 단기 기억이 과부하에 걸리고, 학습한 내용이 장기 기억으로 전환되지 못하는 경우가 발생합니다.

결과적으로, 아이들은 배운 내용을 쉽게 잊거나 중요한 것과 덜 중요한 것을 구별하지 못하게 됩니다. 스마트 기기의 알림과 끝없이 이어지는 추천 콘텐츠는 아이들의 주의를 분산시킵니다.

숙제하면서도 재미있는 영상이나 게임에 빠지기 쉬운 환경은 집중력을 약화시킵니다. 과도한 정보 노출은 아이들에게 스트레스와 피로감을 유발하며, 정보의 신뢰성을 판단하는 능력을 방해합니다.

쓸모 있는 정보와 쓸모없는 정보, 구별하는 힘 키우기

아이들이 정보를 다룰 때 가장 필요한 것은 선별 능력입니다. 정보를 접했을 때 "이 정보는 어디에서 왔는가?", "사실인가, 아니면 의견인가?", "다른 출처에서도 같은 내용을 확인할 수 있는가?" 같은 질문을 통해 정보를 분석하고 판단하는 과정을 익혀야 합니다.

예를 들어, "우유가 건강에 좋다."는 정보를 접한 아이에게 여러 사이트에서 관련 내용을 찾아보도록 해야 합니다. 전문가 의견이 일치하는지 확인하게 하면서 단순히 정보를 믿는 것이 아니라 검토하고 분석하는 과정을 배우게 됩니다.

디지털 세상에서 살아남는 문해력 키우기

디지털 문해력은 현대 사회에서 필수입니다. 인터넷에서 정보를 탐색하고, 필요한 정보만 걸러내며, 신뢰할 수 있는 출처를 확인하는 법을 가르쳐야 합니다.

예를 들어, 아이가 "지구가 2030년에 멸망한다."라는 자극적인 뉴스를 접했다면, 부모는 아이와 함께 해당 뉴스의 출처를 확인하고, 신뢰할 만한 다른 사이트에서도 같은 내용을 보도했는지 찾아보는 과정을 함께해야 합니다. 이를 통해 아이는 과장된 정보나 가짜 뉴스를 비판적으로 바라보는 능력을 갖게 됩니다.

산만함을 줄이고 집중력을 높이는 습관 만들기

아이들이 한 가지에 집중할 수 있게 해주는 습관을 만들어야 합니다.

이를 위해 정보 검색 시간을 정하고, 필요한 자료만 선택적으로 활용하는 연습이 필요합니다.

그래야 정보에 압도되지 않고 효과적으로 사용할 수 있습니다.

예를 들어, "30분 동안 발표 자료를 검색한 뒤 검색을 멈추고 자료를 정리한다."라는 규칙을 아이와 함께 정하고 목표를 명확히 설정하면 효율적으로 정보를 활용할 수 있습니다.

비판적으로 생각하는 힘, 어떻게 키울까?

비판적으로 생각한다는 것은 무조건 믿지 않고, 제대로 확인해 보는 과정입니다. 이러한 비판적 사고 역량은 문해력 훈련에서 특히 중요합니다. 왜냐하면 단순히 글자를 읽는 것만이 아니라 글의 내용이 사실인지, 출처가 신뢰할 만한지, 숨겨진 의도는 없는지, 이 모든 것을 판단하고 이해하는 능력이 필요하기 때문입니다.

아이들에게 모든 정보를 그대로 받아들이는 대신, "왜?"라는 질문을 던지는 습관을 길러주는 것이 중요합니다. 예를 들어, 광고를 보면서 "왜 이 광고는 이런 표현을 사용했을까?", "이 제품이 정말 효과가 있을까?" 같은 질문을 하는 습관을 기르게 해준다면, 정보를 분석하고 자신의 의견을 정리하는 방법을 배울 수 있습니다.

부모와 교사의 역할

부모는 아이와 함께 검색어를 설정하는 연습을 해야 합니다. 구체적이고 명확한 키워드를 사용하는 방법을 가르쳐야 합니다.

'환경' 대신 '초등학생 환경 보호 방법' 같은 검색어를 사용하면 더 적합한 정보를 얻을 수 있습니다. 또한, 신뢰할 수 있는 출처를 구별하는 법과 검색한 내용을 요약하고 정리하는 습관을 길러줘야 합니다. 스마트 기기 사용 시간 관리도 필요합니다. 단순히 사용 시간을 제한하는 대신, 사용 목적을 명확히 하도록 유도해야 합니다. 학습에 필요한 시간을 설정한 뒤 여가 시간을 즐기는 방식으로 디지털 기기를 활용하면 아이들도 반감을 덜 느낍니다.

가족과 함께하는 시간을 늘리고, 디지털 기기 외에 즐길 수 있는 독서, 운동, 야외 활동 등 대안 활동을 제공하는 것도 좋습니다. 자연 속에서 시간을 보내며 디지털 환경에서 벗어나는 경험은 아이들의 집중력과 창의력을 키우는 데 도움을 줍니다.

마지막으로, 부모는 아이들에게 디지털 기기를 책임감 있게 사용하는 본보기가 되어야 합니다. 식사 시간이나 대화 중 스마트폰을 사용하지 않고, 학습 앱이나 유용한 도구를 활용해 긍정적인 디지털 사용 습관을 보여주는 것이 중요합니다.

정보가 넘쳐나는 시대, 아이들이 성장하려면?

정보 과부하 시대는 아이들에게 기회와 도전을 동시에 제공합니다. 방대한 정보는 학습의 가능성을 넓혀주지만, 아이들이 이를 제대로 다루지 못하면 스트레스와 혼란을 유발할 수 있습니다.

부모와 교사는 아이들이 정보를 선별하고, 비판적으로 사고하며, 디지털 기기를 균형 있게 사용하는 법을 배우도록 도와야 합니다. 올바른 디지털 문해력과 집중력 향상 방법을 익힌 아이들은 정보의 홍수 속에서도 주도적으로 학습하고 성장할 수 있는 힘을 갖추게 됩니다. 아이들의 미래는 단순히 정보를 많이 아는 데 있지 않습니다. 정보를 제대로 이해하고 활용하며, 올바른 결정을 내릴 수 있는 능력을 키우는 데 있습니다. 정보 과부하를 넘어설 수 있는 지혜를 가르치는 것이 진짜 우선순위입니다.

$$\boxed{5}$$

디지털 환경,
문해력에 어떤 영향이 있을까?

스마트폰과 인터넷은 아이들에게 방대한 정보를 제공하며 학습과 성장의 기회를 열어줍니다. 하지만 한편으로는 문해력에 부정적인 영향을 미칠 위험도 내포하고 있습니다. 디지털 환경에서 아이들의 문해력은 새로운 기회를 맞이하는 동시에 여러 도전에 직면하고 있습니다. 이 글에서는 디지털 환경이 문해력에 미치는 긍정적, 부정적 영향을 살펴보고, 이를 극복하기 위한 방향을 제시합니다.

디지털 기술 발전의 좋은 점

디지털 기술의 발전은 아이들에게 새로운 문해력을 요구합니다. 단순히 글을 읽고 쓰는 것을 넘어, 정보를 검색하고, 신뢰할 수 있는 정보를 선별하며, 이를 분석하고 활용하는 능력이 중요해졌습니다. 이러한 능력은 아이들이 배우고 성장하는 데 있어 필수 요소로 자리 잡고 있습니다.

우선, 디지털 환경은 방대한 정보에 대한 접근성을 크게 확대했습니다. 예를 들어, 초등학생이 학교 발표를 준비하며 한국사 자료를 찾는다고 할 때, 단순히 도서관의 책에 의존하지 않고도 인터넷을 통해 다양한 텍스트, 영상, 이미지 등을 손쉽게 활용할 수 있습니다.

디지털 기술은 정보를 소비하는 것을 넘어 아이들에게 스스로 탐구하고 학습할 기회를 제공합니다. 또한, 텍스트 외에도 멀티미디어 자료를 활용할 수 있다는 점은 학습의 흥미와 효율성을 크게 높입니다. 예컨대 태양계의 구조를 배우는 과정에서 글로만 배우기보다 3D 시뮬레이션 영상을 통해 시각적 자료를 접한다면 훨씬 더 쉽게 이해할 수 있습니다.

디지털 환경은 학습 과정을 다양화하고, 아이들의 흥미를 유발하며 학습 동기를 강화합니다. 또한 새로운 형태의 협업과 소통을 가능하게 합니다. 아이들은 온라인에서 동료들과 자료를 공유하고, 협력하며 프로젝트를 진행할 수 있습니다. 이는 단순히 정보를 소비하는 데 그치지 않고, 창의적으로 활용하는 능력을 키우는 데 기여합니다.

디지털 환경이 주는 숨겨진 위험

그러나 디지털 환경이 항상 긍정적인 결과를 가져오는 것은 아닙니다. 많은 정보가 아이들에게 제공되는 만큼, 이 정보가 오히려 학습에 방해가 되는 경우도 있습니다. 가장 두드러진 문제는 "얕은 읽기"의 확산입니다. 디지털 환경에서의 독서는 주로 짧고 단편적인 텍스트 위주로 이루어집니다. 긴 글을 읽고 깊이 이해하기보다 제목이나 요약된 내용을 빠르게 훑는 방식에 익숙해질 위험이 큽니다.

예를 들어, 아이가 인터넷 기사를 읽는 도중 팝업 광고나 추천 콘텐츠에 주의를 빼앗기면, 본래 글의 내용을 끝까지 이해하지 못할 가능성이 높아집니다. 또한, 방대한 정보 속에서 신뢰할 수 있는 자료를 구별하는 능력이 부족한 경우, 잘못된 정보를 그대로 믿거나 과장된 내용을 사실로 받아들이는 문제가 발생할 수 있습니다.

예컨대 환경 보호 방법을 검색하려다 광고와 과장된 자료에 휘말려 잘못된 결론에 이를 수 있습니다. 잘못된 정보가 아이들에게 혼란을 주고 잘못된 학습 방향으로 이끌 수 있습니다.

스마트 기기는 끊임없이 새로운 콘텐츠를 제공합니다. 알림, 추천 영상, 자동 재생 기능 등은 아이들의 집중력을 방해하고 주의를 분산시킵니다. 숙제를 하던 중 유튜브에서 게임 영상을 보게 되는 상황은 대표적인 예입니다. 이러한 환경에서는 한 가지 주제에 몰두하기 어려워지므로, 계획했던 학습을 제대로 마치지 못하는 일이 자주 발생합니다.

마지막으로, 디지털 환경은 전통적인 독해력과 쓰기 능력을 약화시킵니다. 아이들이 긴 글을 읽고 요약하거나, 자신의 생각을 글로 정리하는 과정을 거치지 않는다면, 전통적인 문해력을 발달시킬 기회를 놓칠 수 있습니다.

안전한 디지털 도구 활용법

아이들이 디지털을 더 안전하고 건강하게 활용하려면, 무조건 사용을 막거나 잔소리하기보다는 자연스럽게 좋은 습관을 들이도록 돕는 것이 중요합니다. 억지로 제한하는 대신, 아이들이 어떻게 쓰는 것이 좋은지 스스로 깨닫게 만드는 것이 핵심입니다.

가장 먼저 가정에서 쉽게 실천할 수 있는 방법은 우리 집만의 '디지털 약속'을 만드는 것입니다. "스마트폰 너무 많이 보면 안 돼!"라고 말하기보다 아이와 함께 규칙을 정하는 것이 훨씬 더 효과적입니다. 예를 들어, "낯선 사람과 게임 채팅하지 않기", "유튜브 보기 전에 검색 목적부터 정하기", "이상한 광고를 보면 부모에게 먼저 물어보기"와 같은 규칙을 함께 고민해 봅니다.

이렇게 아이와 함께 정한 약속을 A4 용지에 적어 냉장고나 책상 앞에 붙여두면 아이들은 자신이 만든 규칙이라는 생각에 더 잘 지켜야겠다는 마음이 듭니다.

규칙을 정했다면, 이제는 디지털을 소비하는 대신 '창작의 재미'를 알려줘야 합니다. 아이들은 대부분 영상과 게임을 그저 소비하는 데 익숙하지만, 한 번이라도 "하린아! 너도 직접 만들어볼래?" 하고 물어보면 완전히 새로운 경험을 하게 됩니다.

예를 들어, 가족과 함께 브이로그를 찍어 편집해보거나 그림 앱을 활용해 웹툰을 그려보거나 좋아하는 주제를 정해 발표 자료를 만들어보는 것도 좋은 방법입니다.

이런 경험을 통해 아이들은 디지털을 단순한 오락이 아니라 자신의 아이디어를 표현하는 도구로 바라보게 됩니다. 자연스럽게 더 건강하고 주체적으로 디지털을 다룰 수 있는 힘도 생깁니다.

읽기와 사고의 균형을 맞추는 문해력 키우기

디지털 환경은 아이들에게 새로운 가능성을 제공하면서도 도전을 안겨줍니다. 부모와 교사가 이끄는 적절한 지도를 통해 아이들이 디지털 기술의 긍정적인 면을 활용하면서 부정적인 영향을 최소화하도록 돕는 것이 중요합니다. 정보를 선별하고 비판적으로 사고하며, 디지털 문해력과 전통적인 문해력을 균형 있게 발전시키는 과정은 아이들의 성장에 핵심적인 역할을 합니다.

디지털 시대에 필요한 역량을 갖춘 아이들은 단순히 정보를 소비하는 데 그치지 않고, 정보를 활용해 창의적이고 주도적으로 문제를 해결할 수 있습니다. 디지털과 전통이 조화를 이루는 문해력은 이제 필수입니다. 이를 위해 아이들이 균형 잡힌 학습 환경에서 성장할 수 있도록 끊임없이 노력해야 합니다.

6

미래 교육의 핵심,
디지털 콘텐츠!

디지털 콘텐츠, 교육의 미래를 바꾸다

　점점 디지털 기술은 발전하고 있습니다. 이러한 디지털 교육이 발전하면서 교육에도 혁신적인 변화를 가져왔습니다. 특히 디지털 콘텐츠는 그 자체로 학습의 방식을 변화시키며, 학습자에게 새로운 기회를 제공합니다. 오늘날 디지털 콘텐츠는 단순히 텍스트와 이미지를 넘어서, 영상, 인터랙티브 요소, 그리고 AI 기술이 결합되어 개인 맞춤형 학습 환경을 만들어가고 있습니다. 이 글에서는 디지털 콘텐츠가 교육에 미치는 영향을 살펴보고, 어떻게 효과적으로 활용할 수 있을지에 대해 논의해 보겠습니다.

디지털 콘텐츠의 접근성과 유연성

디지털 콘텐츠는 컴퓨터, 스마트폰, 태블릿 등 디지털 기기를 통해 제공되는 다양한 자료를 의미합니다. 텍스트, 이미지, 영상, 음악 등 여러 형태로 존재하며, 인터넷만 있으면 언제 어디서든 접근할 수 있다는 큰 장점이 있습니다.

이 콘텐츠는 교육뿐만 아니라 정보 습득, 오락 등 여러 분야에서 중요한 역할을 합니다. 특히 교육 분야에서는 빠르게 정보에 접근하고, 다양한 방식으로 콘텐츠를 활용할 수 있기 때문에 교육 환경을 획기적으로 변화시키고 있습니다.

디지털 콘텐츠의 가장 큰 특징은 접근성과 유연성입니다. 예를 들어, 학생들은 스마트폰이나 태블릿을 통해 언제든지 자료를 검색하거나, 영상으로 학습 내용을 복습할 수 있습니다.

디지털 콘텐츠의 특성은 특히 지리적으로 떨어져 있는 지역이나 교육 인프라가 부족한 곳에 거주하는 학생들에게 중요한 교육 기회를 제공합니다.

학교에서 디지털 콘텐츠를 활용하는 다양한 사례

또한 디지털 콘텐츠는 전 세계적으로 교육 환경을 변화시키는 중요한 도구로 자리 잡았습니다. 인도의 Byju's는 AI를 활용하여 학생 개개인의 학습 데이터를 분석하고, 맞춤형 콘텐츠를 제공하고 있습니다. 이 플랫폼은 농촌 지역 학생들에게도 고품질 교육을 제공하며, 특히 코로나 19 팬데믹 기간 동안 수백만 명의 학생들이 지속적으로 학습할 수 있도록 지원했습니다. Byju's는 디지털 콘텐츠가 어떻게 교육의 격차를 줄이고, 학생들의 학습 성과를 높일 수 있는지를 보여주는 대표적인 사례[11]입니다.

한국에서도 EBS 온라인 클래스는 코로나 19 팬데믹 동안 전국 초·중·고등학생들에게 맞춤형 강의를 제공하며 원격 학습의 중요한 플랫폼으로 자리 잡았습니다. 이러한 EBS 온라인 클래스는 지난해 유네스코에서 모범 사례로 발표되었으며, 디지털 학습이 어떻게 전 세계적으로 교육에 기여할 수 있는지를 보여주었습니다.[12]

이 외에도 콴다(Qanda)와 같은 민간 에듀테크 기업들이 글로벌 시장에서 성공을 거두며 디지털 교육 콘텐츠의 효과를 입증하고 있습니다. 콴다는 AI를 기반으로 학생들이 찍은 문제의 해답과 풀이를 몇 초 만에 제공하는 서비스로, 전 세계적으로 800만 명의 학생들이 서비스를 이용하면서 인기를 끌고 있습니다.[13]

디지털 콘텐츠가 중요한 이유

디지털 콘텐츠가 교육에서 중요한 이유는 첫 번째로 접근성입니다.

디지털 콘텐츠는 시간과 장소에 제약을 받지 않기 때문에, 교육 인프라가 부족한 지역에서도 고품질의 교육을 제공할 수 있습니다. 특히 원격 학습은 지리적, 사회적 장벽을 넘어 학생들에게 동등한 교육 기회를 제공하며, 교육 격차를 줄이는 데 기여합니다.

두 번째는 맞춤형 학습이 가능합니다. AI와 빅데이터 기술을 활용한 디지털 콘텐츠는 학생 개개인의 수준과 학습 속도에 맞는 자료를 제공할 수 있습니다. 이런 자료들은 학생들이 자기 주도적으로 학습할 수 있도록 돕고, 학습 효과를 극대화할 수 있게 합니다. 예를 들어, 수학에서 어려운 문제를 풀지 못하는 학생에게는 추가 자료를 제공하고, 개념을 쉽게 이해할 수 있도록 돕는 방식입니다.

세 번째는 몰입감 있는 학습 경험을 제공합니다. 디지털 콘텐츠는 텍스트뿐만 아니라 영상, 애니메이션, VR/AR 등의 멀티미디어를 활용해 학생들이 복잡한 개념을 쉽게 이해하도록 돕습니다. 가상 실험이나 역사적 사건을 VR로 체험하는 것은 학생들에게 직관적인 이해를 가능하게 하고, 학습에 대한 흥미를 높여줍니다.

마지막으로, 비대면 교육을 가능하게 합니다. 디지털 콘텐츠는 코로나 19 팬데믹과 같은 비상 상황에서도 교육의 연속성을 유지할 수 있는 중요한 도구입니다. 디지털 콘텐츠는 원격 수업뿐만 아니라 하이브리드 학습 모델에도 적합하며, 학생들이 언제든지 학습을 계속할 수 있도록 지원합니다.

디지털 콘텐츠를 제대로 활용하기

이러한 디지털 콘텐츠를 교육에 효과적으로 적용하려면 몇 가지 중요한 조건이 필요합니다. 첫째, 명확한 교육 목표 설정이 중요합니다. 학습자의 연령과 수준에 맞춘 콘텐츠를 설계하여 각 학생이 이해하기 쉽게 만들어야 합니다. 예를 들어, 초등학생에게는 애니메이션과 게임 요소를 활용하여 흥미를 유발하고, 고등학생에게는 심화 학습을 지원하는 시뮬레이션 콘텐츠를 제공하는 방식입니다.

두 번째는 학습자 중심의 콘텐츠 설계가 필요합니다. AI와 빅데이터를 활용하여 학생 개개인의 학습 데이터를 분석하고, 이를 바탕으로 맞춤형 학습 자료를 제공해야 합니다. 예를 들어, 수학에서 특정 개념을 어려워하는 학생에게는 관련된 추가 학습 자료를 제공해 학습을 지원할 수 있습니다.

세 번째는 교사의 역할을 강화해야 합니다. 교사는 디지털 콘텐츠를 효과적으로 활용할 수 있는 능력을 갖추어야 하며, 이를 위해 교사들에게 정기적인 교육과 지원이 필요합니다. 교사는 콘텐츠를 수업에 통합하고 학생들에게 적절한 학습 지도를 제공할 수 있도록 준비해야 합니다.

교육을 변화시키는 디지털 콘텐츠 혁신의 방향

이제 아이들 가방에는 두꺼운 교과서 대신 아이패드가 자리 잡았습니다. 화면을 넘기며 필요한 정보를 찾고, 동영상 강의로 궁금증을 해결하며, 교실 밖에서도 배움이 이어집니다. 하지만 편리해진 만큼 문제도 생겼습니다. 가짜 정보에 휘둘리지 않고, 디지털 기기에 의존하지 않으면서 스스로 생각하고 판단하는 힘이 필요합니다.

앞으로 디지털 콘텐츠 교육은 지식을 주입하는 것을 넘어서야 합니다. 아이들이 스스로 문제를 발견하고 해결하며, 자신만의 방식으로 답을 찾아가는 힘을 길러줘야 합니다. 수업 시간에만 배우는 게 아닌 일상의 경험을 연결해 생각하고 성장하는 교육이 필요합니다. 이제 디지털 콘텐츠 교육의 미래는 아이들을 단순한 정보 소비자가 아닌 자신의 생각을 세상과 연결하는 창조자로 이끄는 것입니다. 저는 아이들이 앞으로 어떤 세상을 만들어갈지 기대됩니다.

7

빠른 읽기보다
깊이 읽기를 하라

이걸 언제 다 읽어!

얼마 전, 초등학교 4학년 막내 딸아이의 숙제를 본 적이 있습니다. 주제는 '우리 고장에 대해' 조사하는 것이었습니다.

딸아이는 긴 글 읽는 걸 별로 좋아하지 않습니다. 그래서 먼저 구글에 '우리 고장 전통과 역사'라고 검색했습니다. 수많은 블로그와 사이트가 나왔고, 딸아이는 가장 위에 있는 블로그를 클릭했습니다.

그런데 화면을 내리자마자 빼곡한 글자를 보더니 얼굴에 짜증이 가득했습니다. 문단이 길고 설명이 너무 많아 보기만 해도 지루해 보입니다.

"이걸 언제 다 읽어…."

딸아이는 한숨을 쉬며 글을 처음부터 끝까지 읽는 걸 포기했습니다.

대신 굵게 쓰인 제목만 빠르게 훑어보았습니다.

"우리 고장의 명소 율동공원"

"지역 특산물 양봉, 배, 허브."

"우리 고장의 축제: 모두 모여 모란 축제."

굵은 글씨로 된 제목과 목록만 보고 필요한 단어만 공책에 빠르게 적었습니다. 긴 글은 건너뛰고 제목만 훑는 '스캐닝' 방식으로 필요한 정보를 모두 얻었습니다.

검색한 지 5분도 안 되어 과제를 끝낸 딸아이를 보면서 문득 이런 생각이 들었습니다.

"요즘 아이들은 정보를 이렇게 찾아내는구나."

아이들은 정보를 빠르게 소비하는 방법인 스캐닝(목록을 훑어보기)과 스키밍(내용을 대충 훑어보기) 방식에 익숙해졌습니다. 이러한 빠른 읽기 방식에는 심각한 문제점들이 숨어 있습니다.

이 글에서는 빠른 읽기가 문해력에 어떤 영향이 있는지 살펴보고 어떻게 효과적으로 활용할 수 있을지에 대해 논의해 보겠습니다.

잘못된 정보에 속지 않기

예를 들어, '백신 부작용으로 사망'이라는 자극적인 제목만 보고 기사를 끝까지 읽지 않으면, '백신이 위험하다'라는 잘못된 결론을 내리기 쉽습니다. 하지만 본문을 읽어 보면 '사망 원인은 백신과 무관하다'라는 설명이 있을 수 있습니다. 제목만 보고 넘긴다면, 중요한 진실을 놓치게 됩니다. 또한, '유명인이 범죄를 저질렀다'라는 SNS 글 하나만 보고 사실로 믿으면 그 사람이 범죄자로 낙인찍히는 건 순식간입니다. 정확한 사실확인 없이 공유된 정보가 어떤 결과를 가져올지 생각해 봐야 합니다.

빠른 읽기 방식은 제목과 짧은 요약에 의존해 판단하게 만듭니다. 그러다 보면 중요한 맥락과 세부 정보를 놓치게 될 수 있고, 진실을 왜곡하거나 오해를 키우는 위험이 커집니다. 눈에 보이는 정보가 전부가 아닐 때 빠르게 읽는 것이 꼭 이로운 것만은 아닙니다.

빠른 읽기의 함정

학생들이 시험 공부를 할 때, 교과서를 스캐닝 방식으로 빠르게 읽을수는 있습니다. 하지만 이 방식은 단기적으로 많은 양을 외울 수 있을지몰라도, 깊이 있는 이해나 장기 기억으로 이어지지 않습니다. 예를 들어, 역사 시험 준비를 하면서 연표와 사건 이름만 외우고 사건의 맥락(원인과 결과, 역사적 의미)을 이해하지 못하면, 시험에서 지식을 제대로 활용하는 데 한계를 드러냅니다.

빠른 읽기 방식은 주로 표면적인 정보를 습득하는 데 그치며, 핵심적인 내용이나 중요한 원리를 놓칠 수 있습니다. 중요한 점은 단순히 많은 양의 정보를 암기하는 것이 아니라, 그 정보를 얼마나 깊이 있게 이해하고, 이를 실제 상황에 어떻게 적용할 수 있을지를 생각하는 것입니다.

주의가 산만해지고, 깊이 생각하는 힘이 약해진다

디지털 환경에서 빠른 읽기 방식은 주의력을 분산시키는 또 다른 문제를 일으킵니다. 예를 들어, 온라인에서 기사를 읽다가 중간에 하이퍼링크를 클릭하거나 광고를 보고 다른 주제로 이동하면, 원래 읽던 내용의 핵심을 놓칠 수 있습니다.

"환경 변화와 기후 위기"라는 기사를 읽고 있던 중, 중간에 클릭한 하이퍼링크가 다른 주제로 이어지면, 처음 읽고 있던 기사의 핵심을 놓친 채 끝나게 될 수 있습니다.

디지털 환경에서는 클릭을 유도하는 광고와 링크가 많아 집중하기 어려운 상황입니다. 이런 환경에서 빠르게 정보를 읽으면 중요한 맥락을 놓치거나, 비판적 사고를 거치지 않은 채 정보를 그대로 받아들입니다.

정보를 똑똑하게 소비하는 방법은?

빠른 읽기 방식은 정보를 효율적으로 소비하려는 의도에서 비롯되었지만, 여러 가지 함정을 내포하고 있습니다. 이를 극복하기 위해서는 깊이 읽기를 병행하는 것이 필요합니다.

텍스트를 단순히 빠르게 훑는 것이 아니라, 내용의 맥락을 이해하고, 중요한 세부 사항을 놓치지 않도록 주의 깊게 분석하는 태도가 요구됩니다. 디지털 환경에서 정보를 접할 때는 표면적인 내용만 훑어보는 것이 아니라, 그 이면에 담긴 의도나 논리 구조를 비판적으로 분석하며 읽는 것이 중요합니다.

단순히 사실 여부를 확인하는 것을 넘어서, 글쓴이가 어떤 근거를 바탕으로 주장을 펼치는지, 논리의 흐름이 일관성 있는지, 그리고 감정에 호소하는 표현이나 편향된 시각이 포함되어 있는지를 깊이 있게 탐구하며 읽는 습관을 기르는 것이 중요합니다.

다양한 정보가 공존하는 디지털 환경에서는 이러한 깊이 읽기와 함께 정보 필터링 능력이 더욱 중요해졌습니다. 잘못된 정보나 왜곡된 정보를 구별할 수 있는 능력을 키우는 것이 필수입니다.

결국 디지털 시대에서 정보를 올바르게 이해하고 활용하기 위해서는 단순히 빠른 읽기 방식에 의존하지 않고, 중요한 정보를 깊이 이해하며, 비판적으로 이를 생각하면서 검증하는 과정이 중요합니다.

깊이 읽기가 중요한 이유

깊이 읽기(Deep Reading)란 텍스트를 단순히 스캔하거나 정보를 빠르게 소비하는 것이 아니라, 의미를 깊이 이해하고, 비판적으로 분석하는 능력입니다. 맥락과 연결하여 내용을 통합하는 독서 방식을 말합니다. 정보의 표면적인 수용을 넘어, 능동적 사고, 감정적 몰입, 창의적 상상을 요구하는 과정입니다.

깊이 읽기는 독자와 텍스트 간의 몰입적 대화를 통해 이루어지며, 디지털 시대의 빠른 읽기와는 대비되는 접근 방식입니다. 깊이 읽기는 텍스트에 전적으로 집중하며, 외부의 방해 요소를 차단하고 독서 과정에 완전히 몰입하는 방식입니다. 독자는 글의 의미를 파악하기 위해 천천히 읽으며 단어, 문장, 문단의 관계를 숙고합니다.

깊이 읽기의 좋은 점은 비판적인 사유의 힘을 기를 수 있다는 점입니다. 천천히 깊이 읽는 과정 가운데 글의 논리적 구조를 분석하고, 저자의 의도와 주장을 평가하며, 독자의 관점에서 글이 제시하는 주장이 합리적인지, 근거가 충분한지, 대안적인 시각은 무엇인지 생각하게 됩니다. 또한 깊이 읽기는 글이 쓰인 역사적, 문화적, 사회적 맥락을 이해하고, 이를 바탕으로 텍스트의 의미를 더 풍부하게 만듭니다. 예를 들어 고전 문학을 읽을 때, 당시의 사회적 배경과 저자의 삶을 고려하여 작품의 의미를 확장할 수 있습니다.

깊이 읽기는 감정적 몰입을 통해 공감 능력을 키워줍니다. 예를 들어 문학 작품을 읽으면서 주인공의 감정에 동화되거나 사건을 통해 등장인물이나 상황에 감정적으로 공감합니다. 다른 시각을 이해하거나 새로운 경험을 간접적으로 체험합니다.

이처럼 깊이 읽기는 텍스트의 맥락, 의미, 논리를 이해하려는 노력을 포함합니다. 정보의 진위를 평가하고 공감 능력을 키울 수 있으며 비판적으로 분석하는 능력을 키울 수 있습니다.

깊이 읽기를 실천하는 효과적인 방법

초등학생들이 깊이 읽기를 실천하기 위해서는 읽는 속도를 의도적으로 늦추고 소리 내어 읽으며 집중력을 높이는 것이 중요합니다. 또한 읽는 동안 스스로 질문을 던지거나 떠오른 생각을 메모하고 그림으로 표현하면 내용을 더 깊이 있게 이해할 수 있습니다. 이때 가족과 읽은 내용에 대해 대화를 나누면서 생각을 정리하고 다양한 시각에서 내용을 바라보는 경험을 쌓으면 깊이 읽는 능력이 자연스럽게 길러집니다.

특징	빠른 읽기	깊이 읽기
목적	정보 탐색, 대략적인 내용 파악	텍스트의 의미 이해, 분석, 비판적 사고
속도	빠르게 텍스트를 스캔	느리게 읽으며 세부 사항에 주의
집중력	주의 분산 가능성 높음	집중적이고 몰입된 상태
활용 상황	뉴스, 이메일, 간단한 정보를 처리할 때	학문적 텍스트, 문학 작품, 복잡한 이론 학습 시

빠른 읽기와 깊이 읽기의 균형

디지털 시대에 빠른 읽기와 깊이 읽기를 적절히 조화롭게 활용하는 것이 중요합니다. 빠른 읽기는 대량의 정보를 빠르게 검토하거나, 개괄적인 내용을 파악하는 데 유용합니다. 예를 들면 뉴스, 알림장, 학습 자료 등을 효율적으로 처리할 수 있습니다.

반대로 깊이 읽기는 복잡한 주제, 논리적 분석이 필요한 학문적 텍스트, 문학 작품, 그리고 중요한 의사결정에 관련된 정보를 다룰 때는 깊이 읽기가 필수입니다. 예를 들면 교과서의 개념을 완전히 이해하거나, 시험 문제의 함정을 파악할 때 깊이 읽기가 유용합니다. 디지털 시대 아이들에게는 깊이 읽기와 빠른 읽기의 적절한 조합이 필요합니다. 빠른 읽기를 통해 방대한 정보를 신속하게 파악할 수 있지만, 이는 단순한 정보 습득에 그칠 위험이 있습니다.

반면, 깊이 읽기는 텍스트의 의미를 정교하게 분석하고, 맥락을 이해하며, 비판적으로 사고하는 능력을 키우는 데 필수입니다. 디지털 환경에서는 짧고 빠른 정보 소비가 익숙해지기 쉽지만, 깊이 읽기를 소홀히 하면 정보의 표면만 스쳐 지나갈 뿐 진정한 이해와 통찰을 얻기 어렵습니다. 깊이 읽기를 통해 정보의 진위를 가려내고, 논리적 사고를 기르며, 자신의 생각을 깊이 있게 확장할 수 있습니다.

디지털 시대의 문해력은 단순히 빨리 읽는 것이 아닙니다. 글의 이면에 담긴 뜻을 이해하고, 본질을 꿰뚫는 능력에서 시작됩니다.

아이들에게 이런 깊이 읽기의 힘을 알게 해주려면, 나아가 이를 자연스럽게 익히게 해주려면 가르침의 방식도 달라져야 합니다.

PART 2

새로운 시대의 문해력,
이렇게 교육하라

디지털 시대에 맞는 새로운 문해력 교육을 하려면 기존의 교육 방식을 변화시켜야 합니다. 책과 디지털 콘텐츠를 조화롭게 활용하고, 창의적 글쓰기와 감성 독서를 통해 사고력을 확장하도록 도와야 합니다. 또한, 협업 독서, 문제 해결 능력을 기르는 읽기 습관, 게임과 이야기를 접목한 교육 방법도 필요합니다.

이번 장에서는 새로운 문해력 교육의 방향과 실천법을 통해 아이들이 즐겁게 배우고 성장할 수 있는 방법을 모색합니다.

어릴 때부터 시작하는
평생 문해력 교육

디지털 시대, 어떻게 살아남을 것인가?

초등학교 4학년 준호는 유튜브를 보다가 "무료 게임 코인 받기"라는 광고를 클릭했습니다. 그 후 엄마의 휴대폰에서 매달 9,900원이 결제되기 시작했습니다. 준호는 억울해하며 "그냥 눌렀을 뿐인데 왜 돈이 나가요?"라고 물었지만, 엄마는 크게 화를 냈습니다.

고등학생 민지는 또 다른 문제를 겪었습니다. 인스타그램에서 "이 음식을 먹으면 다이어트에 성공한다"라는 게시물을 보고 따라 했다가 건강을 해쳤습니다. 알고 보니 가짜 정보였습니다. 또한 단톡방에서 나눈 대화가 캡처되어 인터넷에 퍼지면서 친구들과 멀어지는 경험도 있었습니다.

회사원인 민수 씨는 중요한 이메일을 잘못된 주소로 보내 회사 기밀을 유출할 뻔했고, 상사에게 "디지털 기술을 제대로 다루지 못하면 문제를 일으킬 수 있다"라는 말을 들었습니다.

70대 할머니는 "정부 보조금을 신청하라"라는 메시지를 믿고 링크를 눌렀다가 보이스 피싱 피해를 입었습니다. 통장에서 300만 원이 빠져나갔고, 억울함에 눈물까지 흘렸습니다.

이 가족의 이야기는 디지털 세대가 직면하는 다양한 문제를 보여줍니다. 인터넷을 능숙하게 다룬다는 것은 단순히 기술을 사용하는 것을 넘어, 정보를 안전하게 처리하고, 그 진위를 판단하며, 문제를 예방할 수 있는 능력을 갖추는 것을 의미합니다.

이는 아이들부터 노년층까지 모두에게 중요한 디지털 문해력의 생존 기술입니다.

세대별 문해력 교육이 필요한 이유

디지털 환경은 방대한 정보와 빠른 변화로 가득 차 있습니다. 기술이 주는 편리함 속에서도, 잘못 사용하면 큰 피해를 입을 수 있습니다. 어린아이가 인터넷 광고를 클릭해 결제 피해를 입거나, 청소년이 잘못된 정보를 공유해 친구들과의 관계에 금이 가는 일, 직장에서 실수로 이메일을 잘못 보내 업무에 차질이 생기는 일, 노년층이 보이스 피싱 피해를 입는 일 모두 디지털 문해력이 부족할 때 발생합니다.

디지털 문해력은 단순히 기술을 익히는 데 그치지 않습니다. 정보를 비판적으로 분석하고, 도구를 효율적으로 활용하며, 문제를 예방하는 종합적인 능력입니다. 이 역량은 각 연령대에 따라 다르게 요구되며, 생애 주기 별로 적합한 방식으로 가르쳐져야 합니다.

세대별 맞춤형 디지털 문해력 교육

초등학생: 디지털 첫걸음을 안전하게 내딛기

준호와 같은 초등학생은 디지털 기기와 인터넷을 처음 접하기에, 흥미 위주로 사용하다가 위험에 빠질 가능성이 높습니다. 이 시기에는 인터넷의 기본 규칙과 보안의 중요성을 가르쳐야 합니다.

예를 들어, '무료'라는 말이 들어간 광고는 위험할 수 있음을 아이들에게 말해줘야 합니다. 이상한 링크를 클릭하지 않도록 하는 간단한 규칙부터 시작합니다. 게임이나 스토리 기반으로 배우게 하면 더욱 효과적입니다.

청소년: 비판적 사고와 온라인 책임감 키우기

청소년들은 SNS와 단톡방 등에서 정보를 쉽게 접하고 공유합니다. 하지만 정보의 진위를 판단하지 못하거나, 사이버 괴롭힘과 같은 문제에 휘말릴 가능성도 높습니다. 이 시기에는 정보를 검증하는 방법과 함께 온라인에서의 예의를 가르치는 것이 중요합니다. 민지가 겪은 SNS 문제처럼, "팔로워 수가 많다고 정보가 다 믿을 만한 것은 아니다."라는 점을 토론을 통해 자연스럽게 이해하게 할 수 있습니다.

성인: 효율적이고 안전한 디지털 활용법 익히기

성인들은 직장과 실생활에서 디지털 기술을 효과적으로 활용해야 할 필요가 있습니다. 이메일 작성, 데이터 관리, 보안 설정 등 실무 중심의 교육이 중요합니다. 민수 씨처럼 업무에서 발생할 수 있는 실수를 줄이기 위해 데이터를 보호하는 방법과 이메일 보안 설정법 등을 학습해야 합니다.

노년층: 편리하고 안전하게 디지털 세상 즐기기

노년층은 디지털 기술에 익숙하지 않아 피해를 입는 경우가 많습니다. 특히 보이스 피싱이나 사기 문자 같은 문제가 대표적입니다. 간단한 규칙, 예를 들어 "정부 관련 안내는 공식 앱으로 확인한다."라는 습관을 반복 학습하면 큰 피해를 예방할 수 있습니다.

디지털 문해력 교육의 핵심

디지털 문해력 교육은 단순히 기술을 배우는 데 그치지 않습니다. 초등학생은 안전한 인터넷 사용법을, 청소년은 정보를 비판적으로 분석하는 법을, 성인은 업무와 일상에서 디지털 도구를 효율적으로 활용하는 법을, 노년층은 디지털 환경에서 안전하게 살아가는 법을 배워야 합니다.

이러한 교육은 정보를 단순히 소비하는 것이 아닙니다. 이를 활용하고 생산하며 문제를 해결하는 것이 중요합니다. 디지털 문해력은 개인의 삶을 안전하고 효율적으로 만들 뿐 아니라, 사회 전체의 디지털 신뢰를 높이는 데 기여합니다.

모든 세대를 위한 필수 생존 기술, 디지털 문해력!

디지털 문해력은 나이와 상관없이 모두가 평생 학습해야 할 기술입니다. 준호가 안전하게 인터넷을 사용하는 방법을 배우고, 민지가 SNS에서 정보를 비판적으로 보는 눈을 갖추며, 민수 씨가 업무에서 실수를 줄이고, 할머니가 보이스 피싱을 예방할 수 있다면, 이는 단순히 개인의 문제를 해결하는 데 그치지 않습니다.

이는 디지털 사회에서 모두가 안전하게 공존할 수 있는 환경을 만드는 첫걸음입니다. 이제는 각자의 상황에 맞는 디지털 문해력을 가르치고 배우는 데 집중할 때입니다.

2

선생님이 변해야
아이들도 변한다

디지털 네이티브를 가르치는 교사의 고민

5학년 담임인 이수진 선생님은 매일 디지털 세대 아이들과 함께하며 예상치 못한 문제를 마주합니다.

오늘 아침 숙제를 검사하던 중 지민이가 다가와 말했습니다.

"선생님, 은호가 숙제를 챗GPT로 했대요. 자기가 안 쓰고 AI가 다 써준 거라니까요!"

수진 선생님은 은호에게 물었습니다.

"은호야, 진짜 너 대신 AI가 숙제를 한 거야?"

은호는 당당히 대답했습니다.

"그게 왜요? 질문은 제가 입력했잖아요. 그리고 답도 다 읽어봤어요!"

수진 선생님은 웃음이 나왔지만, 그냥 넘어갈 수는 없었습니다.

"은호야, 챗GPT가 도와줄 수는 있지만, 숙제는 네가 직접 생각하고 써야 공부가 돼. AI를 활용하는 건 좋지만, 네 방식대로 표현하는 게 더 중요해."

은호는 고개를 끄덕였지만, 표정에는 여전히 의문이 가득했습니다.

쉬는 시간에는 또 다른 일이 생겼습니다.

민지가 울먹이며 선생님을 찾아왔습니다.

"선생님, 주원이가 제 사진을 이상하게 편집해서 단톡방에 올렸어요. 애들이 다 보고 웃어요."

주원을 불러 상황을 묻자 그는 어깨를 으쓱하며 말했습니다.

"그냥 재미로 했어요. 민지가 좋아할 줄 알았는데…."

수진 선생님은 단톡방에 이상한 사진을 올려 친구를 웃기는 게 얼마나 큰 상처를 줄 수 있는지 설명했습니다.

"주원아, 너 아까 민지한테 보낸 그 메시지 봤어. '얼굴 완전 웃기네'라고 보낸 건 장난이었겠지만, 민지가 그거 보고 울었어. 디지털 도구는 친구를 놀리려고 쓰는 게 아니야. 다음부터는 상대방이 어떻게 느낄지 더 생각해봐야 해."

디지털 시대에 교사는 단순히 학습만 가르치는 역할이 아닙니다.

아이들이 디지털 도구를 책임감 있게 사용하도록 지도해야 합니다.

디지털 네이티브 세대의 특징

디지털 네이티브는 태어나면서부터 디지털 환경에서 자란 세대입니다. 이들은 기술을 능숙하게 다루며, 정보 접근과 소통 방식이 이전 세대와 크게 다릅니다. 그러나 이러한 장점 뒤에는 해결해야 할 여러 과제가 숨겨져 있습니다.

주의 집중 시간이 짧아졌다

디지털 네이티브는 유튜브 쇼츠, 틱톡 같은 짧은 콘텐츠에 익숙합니다. 빠른 정보 전달에 익숙한 이들은 긴 설명이나 읽기에 쉽게 흥미를 잃습니다. 예를 들어, 수업 중 10분도 채 지나지 않아 "언제 끝나요?"라는 질문이 나옵니다. 교사들은 아이들의 주의 집중 시간이 짧아졌다는 점을 이해하고, 수업을 더 짧고 흥미로운 단위로 나눌 필요성을 느낍니다.

멀티태스킹에 익숙한 아이들

숙제를 하면서 음악을 듣거나 강의를 들으면서 채팅을 하는 멀티태스킹은 디지털 네이티브의 일상입니다. 그러나 이러한 습관은 깊이 있는 사고를 방해할 수 있습니다. 예를 들어, 수업 중 스마트폰으로 자료를 검색하면서 동시에 친구와 채팅을 하는 경우 학습 집중도가 떨어지고 이해도가 낮아질 수 있습니다.

검색 중심의 정보 습득

필요한 정보를 구글이나 AI 도구에서 빠르게 찾는 능력은 디지털 네이티브의 큰 장점입니다. 그러나 이들은 정보를 깊이 분석하거나 정리하는 능력에는 약점을 보입니다. 예를 들어, 과학 숙제를 할 때 검색 결과를 그대로 베껴 제출하는 학생들이 많아, 비판적 사고와 자기 표현 능력이 부족하다는 문제가 드러납니다.

깊이 있는 관계 맺기의 어려움

디지털 네이티브는 단톡방이나 소셜 미디어에서 짧은 메시지와 이모티콘으로 소통하는 데 익숙합니다. 하지만 이런 방식은 깊이 있는 대화나 오해를 푸는 데 어려움을 초래합니다. 단톡방에서 갈등이 생겼을 때 이를 직접 풀기보다는 대화를 꺼리고 관계를 단절하는 경우가 많습니다.

교사의 역할

디지털 네이티브를 가르치는 교사는 단순히 지식을 전달하는 역할을 넘어, 아이들이 기술을 긍정적이고 책임감 있게 사용할 수 있도록 돕는 길잡이가 되어야 합니다.

교사도 디지털 역량을 키워야 한다

아이들이 디지털 도구를 능숙하게 사용하는 만큼, 교사도 최신 기술과 플랫폼에 익숙해질 필요가 있습니다. 예를 들어, 구글 클래스룸, 패들렛, 퀴즐렛 같은 디지털 학습 도구를 활용해 수업을 흥미롭고 효과적으로 만들어야 합니다. 교사가 기술에 능숙하면 아이들에게 더 풍부한 학습 경험을 제공할 수 있습니다.

아이들과 소통하는 디지털 다리를 놓기

아이들의 디지털 언어와 문화를 이해하고 이를 수업에 반영하면, 아이들은 자신들이 공감받고 있다고 느낍니다. 예를 들어, 학생들이 즐겨 사용하는 앱이나 소셜 미디어를 활용해 학습 활동을 설계하면 아이들의 흥미를 높일 수 있습니다.

디지털 사용법 지도하기

교사는 아이들이 디지털 도구를 책임감 있게 사용하는 법을 가르쳐야 합니다. 단순히 정보를 검색하는 것을 넘어, 검색한 내용을 요약하고 자신의 생각을 더하는 법을 알려주는 것이 중요합니다. 예를 들어, AI가 제공한 답변을 단순히 베끼는 것이 아니라 자신의 언어로 다시 표현하도록 지도할 수 있습니다.

비판적 사고와 윤리 교육

디지털 환경에서는 정보의 홍수 속에서 진짜와 가짜를 구별하는 능력이 필수입니다. 교사는 아이들에게 출처 확인, 정보 비교, 다양한 관점 이해의 중요성을 가르쳐야 합니다. 또한, 디지털 공간에서 타인을 존중하고, 자신의 행동이 미칠 영향을 생각하도록 지도해야 합니다. 예를 들어, 단톡방에서의 사소한 댓글 하나가 상대방에게 얼마나 큰 상처를 줄 수 있는지 다양한 사례를 통해 알려줄 수 있습니다.

교사의 역할은 기술 그 너머에 있다

디지털 시대의 교사는 기술을 가르치는 사람 이상입니다. 교사는 아이들이 디지털 도구를 똑똑하고 책임감 있게 활용하도록 돕고, 정보를 비판적으로 분석하며, 윤리적으로 행동하는 법을 알려주는 안내자입니다.

디지털 기술은 아이들이 미래를 준비하는 필수 도구가 되었고, 교사는 그 도구를 어떻게 활용할지 가르치는 중요한 역할을 맡고 있습니다. 아이들이 기술을 단순히 소비하는 것을 넘어, 이를 통해 성장하고 소통하며 문제를 해결하는 능력을 기를 수 있게 해준다면, 디지털 세상에서도 아이들은 자신감을 갖고 살아갈 수 있습니다. 교사는 그 여정을 함께하는 다리가 되어야 합니다.

3

책과 디지털을
함께 활용하는 방법

변화하는 학습의 새로운 방향, 어디로 가야 할까?

서울의 한 초등학교에서 아이들과 함께 『안데르센 동화』를 읽었습니다. 책을 다 읽은 후, 태블릿을 활용해 구글 어스로 덴마크의 실제 동화 속 배경을 탐색했습니다.

"우와! 여기가 인어공주가 살던 바다예요?"

"여기가 성냥팔이 소녀가 살던 곳인가요?"

책 속에서만 만났던 공간을 눈앞에서 보자 아이들의 질문이 쏟아졌습니다.

디지털 기술로 동화와 현실을 이어주자, 단순히 글을 읽기만 했을 때와는 느낌이 다릅니다. 책 속 이야기를 생생하게 경험하기 시작했습니다. 독서 수업이 끝난 후에도 태블릿을 놓지 못했습니다.

"선생님 다음에는 또 어떤 이야기를 이렇게 탐험할 수 있어요?"

아이들이 자연스럽게 독서 수업에 대한 기대감을 가졌습니다.

경기도의 한 초등학교에서는 아이들과 함께 『톰 소여의 모험』을 읽고 독서 감상문을 작성했습니다. 아이들이 쓴 독서 감상문을 바탕으로 다시 태블릿을 활용해 '책 광고 영상'을 제작했습니다. 책의 핵심 내용을 정리하고 팀별로 각자 역할을 나눠 스토리보드를 만들었습니다. 영상 촬영과 편집도 전부 아이들이 수행했습니다. 각자 창의적인 방식으로 『톰 소여의 모험』의 내용을 편집하면서 책 광고 내용을 표현합니다.

"자유로운 영혼, 톰 소여와 함께 떠나는 모험!" 톰 소여가 친구들과 함께 겪는 아슬아슬하고 짜릿한 모험 장면들을 역동적인 영상으로 표현했습니다.

"심장을 두근거리게 할 보물 찾기 대모험!" 동굴 속 보물찾기 장면을 미스터리한 분위기로 연출하며 호기심을 자극했습니다.

"진짜 우정이란 무엇일까?" 친구들과의 갈등과 화해를 통해 성장하는 톰의 모습을 감동적인 영상으로 그려냈습니다. 책을 읽고 디지털을 활용하는 과정에서 아이들은 책에 대한 재미와 디지털 활용 능력을 배웠습니다.

디지털 시대, 독서의 새로운 정의

과거 독서는 종이책을 읽으며 글의 의미를 음미하는 데 중점을 뒀습니다. 하지만 지금은 독서의 개념이 크게 확장되었습니다.

학생들은 책뿐만 아니라 오디오북을 듣고, 유튜브 영상을 시청하며, 인터넷 검색을 통해 자료를 탐구합니다.

예를 들어, 고전 소설 『오디세이』를 읽는 학생은 오디오북을 들으며 작품의 스토리를 이해하고, 유튜브를 통해 주제 해설 영상을 시청하며, 필요한 정보를 구글에서 추가로 찾아봅니다.

이런 방식은 단순히 한 매체에 의존하지 않고, 다양한 경로로 지식을 확장하도록 만듭니다.

학생들이 '기후 변화'와 같은 주제를 탐구할 때, 전통적인 책 읽기에서 시작해 인포그래픽 자료나 다큐멘터리를 활용하며 학습을 심화시키는 모습이 대표적인 그 예입니다.

독서와 디지털 리터러시, 함께해야 더 강하다

이제 독서는 단순히 텍스트를 읽는 것을 넘어, 상호작용과 체험으로 확장되고 있습니다. QR 코드를 스캔하면 애니메이션을 보고, 문학 작품의 배경을 VR로 탐험하는 경험은 독서를 새로운 차원으로 끌어올립니다. 또한, 디지털 기술은 독서를 보완하며 학습 방식을 혁신합니다. 학생이 책을 읽다가 궁금한 점이 생기면 스마트폰으로 검색해 정보를 보완하고, 이를 다시 독서에 연결합니다.

독서는 이제 시작점일 뿐, 디지털 리터러시는 그 내용을 확장하고 새로운 시각을 더해주는 필수 동반자로 자리 잡았습니다.

학생들은 이러한 과정을 통해 정보를 단순히 받아들이는 데 그치지 않고, 분석하고 비판적으로 사고하며 자기 주도적으로 학습합니다. 디지털 시대 학습의 본질을 잘 보여주는 사례입니다.

읽기와 디지털 활용을 통합한 새로운 교육법

두 영역을 성공적으로 융합하기 위해서는 서로의 강점을 연결하고, 학생들에게 실질적인 학습 경험을 제공하는 방향으로 접근해야 합니다. 독서를 디지털 탐구로 확장하고, 이를 창의적인 표현으로 연결하는 과정이 그 핵심입니다.

독서를 기반으로 한 디지털 탐구는 학생들에게 더 큰 배움의 기회를 제공합니다. 예를 들어, 환경 문제를 다룬 책을 읽은 후, 관련 다큐멘터리나 통계 자료를 탐구하고 이를 바탕으로 발표 자료를 준비하는 활동은 학생들이 깊이 있는 사고를 할 수 있도록 도와줍니다.

그뿐만 아니라, 학생들이 읽은 내용을 창의적으로 표현할 수 있는 기회를 제공해야 합니다. 한 권의 책을 읽고 느낀 점을 블로그 글로 작성하거나 짧은 영상으로 제작하는 활동은 학생들에게 비판적 사고력과 창의적 표현력을 동시에 길러줍니다. 이 과정에서 학생들은 독서를 통해 얻은 통찰을 디지털 기술을 활용해 확장합니다.

몰입형 독서, 학습의 깊이와 폭을 확장하다

디지털 기술은 학생들에게 독서를 단순한 텍스트 이해를 넘어선 몰입형 경험으로 확장할 수 있는 기회를 제공합니다. QR 코드를 통해 문학 작품 속 배경을 탐험하거나, 주요 장면을 애니메이션으로 시청하며 학생들은 작품의 의미를 더 깊이 이해할 수 있습니다. 또한, AI를 활용한 독서 활동은 새로운 가능성을 열어줍니다.

AI 요약 도구를 통해 책의 핵심 내용을 정리하고, 이를 비판적으로 검토하거나 텍스트의 등장인물에 대해 토론하는 활동은 학생들이 텍스트를 더 깊이 이해하도록 돕습니다. 이처럼 디지털 기술은 학생들에게 상호작용과 체험을 제공하며 독서에 새로운 차원을 더합니다.

깊이 있는 사고와 다양한 지식을 연결하는 학습법

독서는 사고력과 상상력을 키우는 데 강점이 있고, 디지털 리터러시는 폭넓은 정보 접근과 창의적 문제 해결 능력을 제공합니다. 이 두 가지가 결합 되면 학생들은 깊이와 폭을 모두 갖춘 학습자로 성장할 수 있습니다.

교육의 핵심은 학생들이 책과 기술을 통해 지식을 넓히고, 그 안에서 스스로 생각하며 창의적으로 활용하는 방법을 배우는 것입니다. 독서를 시작으로 디지털 기술을 활용해야 합니다. 그래야 학습의 맥락을 확장할 수 있습니다. 이러한 연결은 자신만의 통찰과 관점을 만들어가는 학습의 진정한 가치가 될 수 있습니다.

디지털 시대 독서 교육의 방향

디지털 시대에도 독서는 여전히 사고력과 인문적 성찰을 키우는 중요한 도구입니다. 디지털 리터러시는 이러한 독서를 보완하고 확장 시킵니다.

독서 교육은 이 두 영역 사이에 있습니다. 따라서 아이들에게 균형을 잡아주고, 학생들이 혼란스러워하지 않도록 안내해야 합니다. 교사는 책과 기술이 결합된 환경에서 학생들이 배움의 기회를 최대한 활용할 수 있도록 돕는 가이드 역할입니다. 부모는 가정에서 독서와 디지털학습의 균형을 유지하도록 지원해야 합니다. 독서와 디지털 리터러시의 통합은 단순히 학습 방식의 변화를 더 넓고 깊은 세상을 이해할 수 있도록 돕는 여정입니다. 이 두 세계를 연결하는 교육으로 아이들의 독서 능력을 한 층 더 끌어 올릴 수 있습니다.

4

창의적으로
쓰는 법을 배우자

디지털 기기에 익숙한 아이들, 뒷걸음치는 글쓰기 능력

초등학교 4학년 민서는 하루 평균 3시간 이상 스마트폰으로 유튜브를 시청하거나 모바일 게임을 즐깁니다.

학교에서 '지난 주말에 가장 기억에 남는 일'이라는 주제로 글쓰기를 하라는 선생님의 말에 민서는 "재미있었다."라는 단순한 표현 외에는 한 문장도 쓰지 못했습니다.

초등학교 5학년 소윤이는 모바일 메신저 앱으로 친구들과 대화할 때 짧은 단어와 이모티콘을 주로 사용합니다.

엄마가 일기 쓰기를 권하자, "오늘 학교에서 맛있는 걸 먹음 ㅎㅎ 끝"과 같은 단문으로 일기를 마쳤습니다.

초등학교 6학년 준혁이는 동화를 쓰는 과제에서 맞춤법과 문법의 실수가 많다는 지적을 받고, 글쓰기에 대한 자신감을 잃었습니다.

준혁이는 "틀리면 혼나니까 글을 쓰고 싶지 않다."라고 말합니다.

디지털 기기에 둘러싸여 자란 아이들은 소통에는 능숙하지만, 글쓰기 능력은 점점 약해지고 있습니다.

스마트폰과 태블릿에서 제공하는 시각적 자극에는 익숙하지만, 자기 경험을 언어로 구체화하거나 감정을 글로 표현하는 데 어려움을 겪는 것이 현실입니다.

짧은 문장과 즉각적인 반응에 익숙한 디지털 환경에서 자라난 아이들은 복잡한 이야기를 풀어내는 능력이 점점 떨어지고 있습니다.

또한, 글쓰기에서 격려보다 지적을 더 많이 받는 경험은 창의적 표현에 대한 두려움까지 키우고 있습니다.

디지털 시대에도 여전히 글쓰기는 중요하다

디지털 환경에서의 글쓰기 중요성은 점점 더 커지고 있습니다. 요즘 아이들은 하루에도 엄청나게 많은 정보를 접합니다. 유튜브, SNS, 검색만 해도 궁금한 것을 바로 찾을 수 있고, 친구들과의 대화도 카톡이나 댓글로 쉽게 주고받습니다.

하지만 아무리 많은 정보를 봐도 그 내용을 내 것으로 만들지 못하면 그냥 스쳐 지나가는 것과 다름없습니다. 그렇다면 어떻게 하면 정보를 내 것으로 만들 수 있을까요? 바로 글쓰기입니다.

글을 쓰는 과정에서 내가 아는 것을 정리하고, 중요한 내용을 골라내며, 내 생각을 표현하는 힘이 길러집니다. 또한, 디지털 시대에는 글로 소통하는 일이 점점 더 많아지고 있습니다.

친구와 대화할 때도, 온라인에서 의견을 나눌 때도, 숙제를 할 때도 글을 써야 합니다. 그런데 내 생각을 제대로 표현하지 못하면, 친구들이 내 의도를 잘못 이해할 수도 있고, 중요한 내용을 빠뜨릴 수도 있습니다.

반대로, 글쓰기를 잘하면 내 의견을 정확하게 전달할 수 있고, 다른 사람들과 더 깊이 있는 대화를 나눌 수 있습니다. 지금은 AI가 글을 써 주고, 정보를 정리해 주는 시대입니다. 하지만 진짜 중요한 건 '내가 어떻게 생각하는가'입니다. 아무리 많은 정보를 알더라도 내 생각이 없으면 그저 남의 의견을 따라가는 것뿐입니다.

글쓰기를 하면 나만의 의견을 만들고, 문제를 해결하는 힘도 키울 수 있습니다. 디지털 시대의 글쓰기는 단순한 숙제가 아닙니다.

내가 알고 있는 것을 정리하고, 내 생각을 표현하며, 더 나은 아이디어를 찾는 과정입니다.

많은 정보를 보는 것도 중요하지만, 그 정보를 내 것으로 만들고, 새로운 가치를 만들어내는 것이 진짜 중요한 시대가 되었습니다. 바로 그 첫걸음이 글쓰기입니다!

그렇다면, 글쓰기가 이렇게 중요한데 아이들이 글쓰기를 더 쉽고 자연스럽게 익힐 방법은 없을까요? 글쓰기를 부담스럽게 느끼지 않고, 더 친근하게 다가갈 수 있는 몇 가지 실천 방법을 소개합니다.

1. 흥미를 끄는 주제를 찾아 글쓰기를 즐겁게 만들기

'오늘 아침 나는 순도 99.99% 순금 똥을 쌌다. 무엇을 할 것인가?' 자극적인 글쓰기 주제는 아이들의 호기심을 자극하고 글쓰기에 대한 흥미를 높이는 좋은 방법입니다. 일단 아이들이 웃음을 터뜨리고 나면, 자연스럽게 "만약 나에게 이런 일이 생긴다면?"이라는 상상을 합니다.

또한, 아이의 관심사와 글쓰기를 연결하면 더욱 효과적입니다.

예를 들어, 게임을 좋아하는 아이에게는 "네가 게임 속 주인공이라면 어떤 모험을 하고 싶니?"라고 질문을 던집니다. 아이는 자신의 경험이기 때문에 말로 대답합니다. 이것을 자연스럽게 글로 이어지게 할 수 있습니다. 이러한 질문은 아이가 게임에서 경험한 멋진 순간들을 떠올리게 하고, 그 장면을 글로 표현하면서 자신만의 이야기를 만들어 가도록 돕습니다.

만화를 좋아하는 아이에게는 "이 만화의 다음 이야기를 네가 만들어 본다면?"이라는 질문이 좋은 시작점이 될 수 있습니다.

아이들은 이미 친숙한 소재에 대해 생각하는 것을 좋아하기 때문에 이런 접근은 상상력을 발휘하게 만들고 글쓰기를 더 재미있게 느끼도록 도와줍니다.

아이들이 좋아하는 주제를 활용하면 글쓰기 자체에 대한 거부감을 줄이고 자연스럽게 자신만의 이야기를 만들어가는 즐거움을 경험할 수 있습니다.

2. 작은 성취를 칭찬하며 글쓰기에 자신감 심어주기

아이들이 글쓰기를 즐길 수 있도록 부모와 교사의 격려가 필요합니다. 처음부터 완벽한 글을 기대하기보다는 아이가 표현하려는 의도를 존중하고, 아이디어를 중심으로 칭찬해주는 것이 중요합니다.

맞춤법이나 문법 실수를 즉각적으로 지적하기보다 "이런 생각을 했구나, 정말 재미있다."라는 말로 아이의 창의성을 격려해야 합니다.

맞춤법 교정은 놀이처럼 접근할 수 있습니다. "이 문장에서 한 글자만 바꿔보면 더 멋질 것 같은데 같이 찾아볼까?"라고 제안하면 아이가 부담을 덜 느낄 수 있습니다.

3. 디지털 기기를 활용해 창의적인 글쓰기로 연결하기

디지털 기기는 단순한 소비 도구를 넘어 글쓰기의 동기 부여 도구로 활용될 수 있습니다. 예를 들어, 아이가 쓴 글을 블로그에 올리고 다른 사람들의 피드백을 받을 수 있게 하면, 글쓰기가 단순한 과제를 넘어 소통의 매체로 확장됩니다.

'내가 꿈꾸는 미래 직업' 같은 주제를 블로그에 게시하고 친구들의 댓글을 받는 경험은 아이들에게 자신감을 줍니다.

글쓰기 앱을 활용해 글쓰기를 놀이처럼 즐길 수도 있습니다. 예컨대 제가 자주 쓰는 '꼬박 일기' 같은 글쓰기 앱은 아이들도 좋아합니다. 이 앱은 아이들이 날짜를 클릭해 사진을 올리면서 자신이 느꼈던 생각과 감정을 짧게 기록할 수 있도록 도와줍니다.

4. 아이들이 자연스럽게 글쓰기를 즐길 수 있는 환경 만들기

글쓰기를 흥미롭고 자연스럽게 느낄 수 있는 환경을 조성하는 것이 중요합니다. 일상에서의 작은 경험을 글로 풀어내는 훈련은 아이들의 창의성과 사고력을 자극합니다.

디지털 기기를 활용해 '디지털 일기'를 써보는 것을 추천합니다. 아이들 중에는 핸드폰에 메모장을 만들어 자기만의 소설을 쓰는 아이도 있고 매일 매일 일기를 쓰는 아이도 있습니다. 특히 하루 동안 찍은 사진 한 장에 대해 짧게 글을 쓰게 하는 방식은 아이들에게 글쓰기의 재미를 느끼게 할 수 있습니다.

"오늘 찍은 사진 중 가장 기억에 남는 것을 고르고, 왜 특별했는지 적어보자."라는 말은 아이들이 감정을 글로 표현하는 연습을 할 수 있게 만듭니다.

중요한 점은 결과보다 과정을 인정하는 자세입니다. 짧은 글이라도 아이가 스스로 적은 표현을 긍정적으로 바라보며 칭찬하는 것은 아이에게 긍정적인 글쓰기 경험을 남깁니다.

글쓰기는 아이들의 사고력과 미래를 여는 강력한 도구

디지털 시대에도 글쓰기는 아이들의 창의력, 논리적 사고, 그리고 소통 능력을 키우는 중요한 도구입니다. 부모와 교사는 아이들이 글쓰기를 어렵게 느끼기보다는 자연스럽고 흥미롭게 받아들일 수 있도록 돕는 안내자가 되어야 합니다.

아이들이 즐거움을 느끼는 주제로 글쓰기를 시작해 보세요. 과정보다는 표현하려는 노력을 인정해 주세요. 디지털 기기를 창의적으로 활용해 글쓰기를 놀이처럼 만들어야 합니다.

글쓰기를 통해 아이들은 단순히 글 쓰는 기술을 배우는 것을 넘어, 자신의 생각과 감정을 자유롭게 표현하며 세상과 소통하는 능력을 배우게 됩니다. 무엇보다 자신이 쓴 글을 통해 성취감을 느낍니다. 결국 쓰는 아이들만이 자신의 감정과 생각을 깊이 있게 탐구하고, 논리적으로 구성하는 법을 배울 수 있습니다.

5

공감 능력을
키우는 독서법

디지털 환경에서 공감 능력이 줄어드는 이유

초등학교 4학년 민수는 쉬는 시간마다 스마트폰으로 영상을 보거나 게임을 즐깁니다. 최근 친구들 사이에서 유행하는 배틀 게임에서 레벨을 올리는 일은 민수에게 큰 즐거움입니다.

그런데 어느 날, 체육 시간 후 아이들이 교실로 돌아와 자유롭게 쉬고 있던 중, 운동장에서 축구를 하다 넘어져 무릎을 다친 지우가 교실로 들어왔습니다.

지우는 절뚝거리며 작은 신음을 내뱉었지만, 대부분의 아이들은 자신의 활동에 집중하느라 별로 신경 쓰지 않았습니다.

민수 자리 근처에 앉아 있던 친구가 민수에게 말했습니다.

"야, 지우 다쳤어. 피가 엄청 나네."

그러나 민수는 게임 화면에서 눈을 떼지 않고 말했습니다.

"괜찮겠지. 보건 선생님한테 가봐."

지우는 혼자 힘겹게 자신의 자리로 걸어가 무릎에서 흐르는 피를 닦으며 속상한 마음을 감추려 했습니다.

친구 몇 명이 그제야 "괜찮아?"라며 물었지만, 민수는 여전히 게임에 몰두했습니다.

지우는 문득 민수에게 서운한 마음이 들었습니다.

"내가 아프다는데, 민수는 신경도 안 쓰네…."

저는 매번 수업이 끝나면 아이들에게 피드백을 시킵니다.

"오늘 수업에서 느낀 점이나 새롭게 알게 된 것, 그리고 실천할 점이 있다면 이야기해 볼까?"

그러자 하람이가 손을 번쩍 들고 발표를 시작했습니다.

"저는 이번 수업에서 가장 인상 깊었던 장면이 주인공이 친구를 위해 용기를 내는 부분이었어요. 왜냐하면…."

하지만 하람이가 이야기하는 동안 몇몇 친구들은 옆 사람과 작은 목소리로 속닥이거나, 창밖을 멍하니 바라보며 집중하지 않고 있었습니다. 어떤 친구는 자기 차례가 오기만 기다리며, 발표할 내용만 떠올리고 있었습니다.

하람이는 피드백을 마치고 자리로 돌아가면서 친구들의 반응을 살폈지만, 아무도 제대로 들어주지 않았다는 사실에 속상한 마음이 들었습니다.

"내 이야기를 진지하게 들어주는 친구가 없네…."

이처럼 디지털 기기에 몰입된 아이들은 주변 친구들의 감정 신호를 놓치는 일이 많습니다. 민수에게는 게임이 더 중요합니다. 오프라인에서 친구들과 대화하고 노는 것보다 게임 속 승리가 더 중요합니다. 친구를 이해하고 공감하는 작은 순간을 놓친 대가는 관계의 균열로 이어질 수 있습니다.

하람이가 혼자 피드백을 할 때 아이들은 귀 기울여 듣지 않습니다. 친구들의 관심과 공감을 기대했던 하람이는 무심한 반응 속에서 점점 이야기할 의욕을 잃고, 피드백 활동 자체가 의미 없다고 느낄 수 있습니다.

공감 능력이 부족하면 친구들 간의 관계도 점차 멀어질 수 있습니다. 따라서 친구들의 감정을 읽고 서로의 마음을 읽어줄 수 있는 공감 능력은 중요합니다. 그렇다면 능력이 높아지면 어떤 변화가 생길까요?

서로 존중받는 느낌을 받게 될 것이며, 그러다 보면 아이들의 피드백 활동도 더욱 활발해질 것입니다. 디지털 기기가 일상이 된 아이들에게 공감 능력을 키우는 일은 더 이상 선택이 아닌 필수입니다.

공감 능력이 필요한 이유

공감 능력은 타인의 감정을 이해하고 적절히 반응하는 능력입니다. 이는 사회적 관계를 형성하고 유지하는 데 필수적인 자질입니다. 특히 초등학생 시기에 공감 능력을 키우는 것은 아이들의 정서적 발달과 미래의 성공적인 대인 관계를 위해 매우 중요합니다.

공감 능력이 높은 아이는 타인의 감정을 쉽게 이해하고, 위로하거나 함께 기뻐하는 행동을 자연스럽게 실천합니다. 예를 들어, 친구가 슬퍼할 때 "왜 슬플까?"를 생각하며 손을 내미는 작은 행동을 한다면, 이는 서로를 이해하는 깊은 기반이 됩니다. 갈등 상황에서도 공감은 큰 힘을 발휘합니다.

놀이터에서 친구와 장난감을 두고 다툰 아이가 '내가 친구라면 어떤 기분일까?'를 떠올린다면 문제를 대화로 해결할 가능성이 커집니다. 공감은 아이들의 관계 형성뿐만 아니라 학급 활동이나 팀워크에서도 중요한 역할을 합니다. 공감을 통해 친구들과 더 잘 어울리고 협력하는 과정에서 소속감과 성취감을 느낄 수 있습니다.

이는 단순히 어린 시절의 관계에 그치지 않고, 성인이 된 후에도 건강한 인간관계를 유지하고 사회에서 성공적으로 협력하는 데 밑거름이 됩니다.

공감 부족, 어떻게 해결할 수 있을까?

1. 스토리 읽기를 통해 타인의 감정을 이해하기

스토리는 아이들에게 타인의 감정을 간접적으로 경험할 기회를 제공합니다. 주인공이 기뻐하거나 슬퍼하는 장면을 통해 아이들은 "내가 저 상황이라면?"을 생각하며 공감을 배웁니다.

예를 들어, 친구와 다툰 후 화해하는 이야기를 읽으면 아이는 현실에서 갈등을 해결하는 데 필요한 힌트를 얻을 수 있습니다. 이야기는 단순히 재미를 넘어, 다양한 시각을 이해하게 해주며, 나아가 문제 해결 능력을 키웁니다. 다문화 동화나 환경 보호를 주제로 한 이야기는 아이들에게 새로운 시각을 제시합니다. 편견 없이 타인을 이해하는 태도를 길러줍니다.

2. 대화와 질문을 통한 내면 탐구

책을 읽고 난 후 아이와 이야기를 나누는 시간을 가지면 공감 능력을 키우는 데 큰 도움이 됩니다. 예를 들어, "주인공이 왜 그런 행동을 했을까?", "네가 그 상황이었다면 어떻게 했을 것 같아?" 같은 질문은 아이가 스스로 생각하고 타인의 감정을 탐구할 기회를 제공합니다. "이 이야기에서 나온 것과 비슷한 일을 너의 일상에서 경험했던 적이 있어?"와 같이 실제 경험과 연결하면 공감은 더 깊어집니다.

3. 전자책과 오디오북으로 접근성을 높이기

디지털 기기에 익숙한 아이들에게 전자책과 오디오북은 스토리 읽기를 자연스럽게 연결할 수 있는 훌륭한 매체입니다. 글 읽기가 어려운 아이도 오디오북을 통해 이야기를 들으며 등장인물의 감정을 이해할 수 있습니다.

4. 인터랙티브 스토리 앱을 활용해 몰입 경험 키우기

인터렉티브 스토리 앱이란 사용자가 데이터나 명령어를 입력할 수 있는 프로그램입니다. '상호 간'이라는 뜻을 지닌 인터(Inter)와 '활동적인'이라는 뜻을 지닌 액티브(Active)의 합성어로, 상호활동적이라는 의미를 가지고 있습니다. 일방향이 아닌 쌍방향을 의미하기 때문에 단순히 동화책을 보는 게 아니라 아이들이 동화책과 상호작용을 할 수 있게 해 줍니다. 아이들이 좀 더 책에 몰입해서 이야기를 들을 수 있습니다. 아이가 주인공의 결정을 직접 내리며 이야기를 진행하도록 만들 수 있기 때문입니다. 이 과정에서 아이들은 타인의 입장을 더 깊이 생각하게 됩니다. 아이들은 이야기 속 선택의 결과를 통해 공감과 책임감을 배우게 됩니다.

5. 가족과 함께하는 이야기 시간 만들기

주말 저녁을 '스토리 나누기 시간'으로 정해 가족이 함께 책을 읽고 각자의 생각을 나누는 것도 공감 능력을 키우는 데 효과적입니다. 가족이 각자 이야기 속 등장인물을 연기하거나 책의 결말을 바꿔보는 창의적 활동을 하게 되면, 아이의 공감 능력을 키워줄 뿐 아니라 가족 간의 유대감도 강화됩니다.

디지털 시대의 공감, 이야기에서 시작된다

공감은 단순히 "저 사람이 슬프구나"라고 이해하는 것을 넘어서, 서로를 배려하고 협력하는 능력으로 이어집니다. 친구와 갈등이 생겼을 때, 상대의 감정을 이해하는 능력이 있다면 쉽게 화를 내는 대신 차분히 대화하려는 태도를 가질 수 있습니다.

부모와 교사가 스토리 읽기를 일상 속에 자연스럽게 녹이고, 디지털 기기를 활용해 이야기를 확장하는 방식을 적용해본다면, 이 또한 공감 능력을 키우는 좋은 방법이 될 수 있습니다. 오디오북, 애니메이션 스토리, 인터랙티브 전자책 등을 활용하면 아이들은 더 이야기에 몰입하며 이야기 속 감정을 경험할 기회도 많아집니다. 디지털 시대에도 중요한 것은 결국 '사람과 감정을 연결하는 힘'입니다.

공감은 아이들에게 필수적인 능력이며, 이를 키우는 가장 좋은 방법은 이야기를 읽고, 듣고, 나누는 과정에서 시작됩니다. 지금이야말로 아이들이 더 깊이 공감하고 생각할 수 있도록, 이야기를 통해 그 시작을 만들어가야 할 때입니다.

$$\boxed{6}$$

함께 읽고 함께 배우는
협업 독서

디지털 네이티브의 협업, 미래 도시를 설계하다

초등학교 5학년 교실.

아이들은 '미래의 친환경 도시'라는 주제로 팀 프로젝트를 진행 중입니다. 각 팀은 자신들만의 도시를 설계하고 이를 발표 자료로 만들어야 합니다.

서연이는 발표 자료를 맡아 팀원들이 조사한 내용을 정리하고, 도시의 이미지를 시각적으로 구성하는 역할을 맡았습니다.

"이 그림 너무 작아. 확대해야 할 것 같아."

"여기에 친환경 기술 설명을 추가하자."

서연이는 태블릿을 중심으로 팀원들과 의견을 주고받으며 자료를 수정해 나갔습니다. 서로의 생각을 반영해 완성된 발표 자료는 모두의 시선을 사로잡았습니다.

생생한 이미지와 명확한 설명 덕분에 발표 후 질문이 쏟아졌고, 서연이와 팀원들은 협력의 가치를 실감했습니다.

이 경험을 통해 아이들은 단순히 자료를 정리하고 발표하는 것을 넘어 디지털 도구를 활용해 협력하고 문제를 해결하는 법을 배웠습니다.

함께 배우면서 성장하는 아이들

디지털 네이티브는 스마트폰, 태블릿, 인터넷과 함께 성장한 세대입니다. 이들은 정보 검색과 디지털 도구 활용에 익숙하며, 필요한 정보를 빠르게 찾아내 창의적인 결과물을 만들어내는 데 능숙합니다. 하지만 오늘날의 사회는 개인의 능력만으로는 부족합니다. 팀원들과 소통하며 협력하고 문제를 해결하는 능력이 무엇보다 중요합니다.

협업 학습은 이러한 사회적 요구에 부응하며 디지털 네이티브가 미래를 준비할 수 있게 해주는 중요한 과정입니다. 단순히 기술을 다루는 것을 넘어, 이를 통해 다른 사람들과 소통하고 협력하는 방법을 배우게 됩니다.

협업 학습은 아이들이 디지털 기술을 창의적으로 활용할 수 있게 해주며, 변화하는 사회에서 필요한 능력을 키우는 데도 도움을 줍니다. 변화하는 사회에서 중요한 것은 다른 사람과 소통하고, 함께 문제를 해결하는 능력입니다.

협업 학습은 단순히 함께 공부하는 것을 넘어 아이들이 창의적으로 사고하고 협력하는 힘을 기르는 과정이 됩니다. 예를 들어, 친구들과 팀을 이뤄 프로젝트를 진행할 때 아이들은 자신이 맡은 역할을 책임감 있게 수행하는 법을 배우고 의견을 조율하며 더 나은 해결책을 찾아가는 경험을 하게 됩니다.

이 과정에서 배려와 소통 능력이 자연스럽게 길러지고 팀워크의 중요성을 몸으로 익히게 됩니다. 무엇보다 협업 학습은 디지털 기술과 결합했을 때 더욱 효과적입니다.

온라인 문서를 함께 작성하거나 디지털 스토리북을 만들고 코딩 프로젝트를 진행하는 과정에서 협력하는 태도를 동시에 익힙니다. 단순히 혼자서 공부하는 것보다 서로 아이디어를 공유하고, 함께 성장하는 경험이 더욱 의미가 있습니다.

협업 학습 실천 방법

배움의 도구, 혼자보다 함께 써라

디지털 도구는 아이들이 함께 배우고 협력하는 과정을 더욱 효율적이고 창의적으로 만들어 줍니다. 하지만 중요한 것은 이 도구를 '혼자' 사용하는 것이 아니라, '함께' 활용하는 방식입니다.

아이들이 협업 학습을 할 때, 디지털 도구를 어떻게 활용하느냐에 따라 학습 효과가 달라집니다. 예를 들어, 온라인 문서 편집 도구(구글 문서, 패들렛, 네이버 밴드 등)를 사용하면, 한 팀의 아이들이 각자 다른 부분을 맡아 글을 쓰면서 실시간으로 수정하고 피드백을 주고받을 수 있습니다.

실시간으로 연결되고 소통하자

Google Docs와 같은 협업 도구를 활용하면 아이들은 동시에 작업하며 의견을 주고받을 수 있습니다. 한 프로젝트에서 아이들은 Google Docs를 활용해 조사한 내용을 정리하고, 서로의 아이디어를 실시간으로 공유했습니다. 작업하는 동안 한 학생이 "여기 문장을 조금 바꾸면 더 좋아질 것 같아."라고 피드백을 남기자, 다른 친구가 그 의견을 반영해 문장을 수정했습니다. 이 과정에서 아이들은 단순히 개별적인 작업을 하는 것이 아니라, 함께 고민하고 생각을 발전시키는 경험을 하게 됩니다.

이미지와 영상으로 더 쉽게 전달하자

발표 자료 제작에는 Canva가 유용한 도구였습니다. 깔끔한 템플릿과 애니메이션 효과 덕분에 발표 자료가 더욱 생동감 있게 구성되었고, 그래프와 다이어그램을 활용해 데이터를 직관적으로 표현할 수 있었습니다. 시각적 자료는 단순히 발표를 보기 좋게 만드는 것을 넘어, 정보를 효과적으로 전달하고 설득력을 높이는 중요한 역할을 합니다. 예를 들어, 막대그래프를 활용해 통계를 보여주면 숫자만 나열할 때보다 더 쉽게 내용을 이해할 수 있고, 인포그래픽을 사용하면 복잡한 개념도 한눈에 정리할 수 있습니다.

숫자와 자료에서 새로운 깨달음을 얻자

Google Sheets는 데이터 정리와 분석에서 강력한 도구로 활용됩니다. 한 팀은 환경 오염 데이터를 정리하고 이를 차트로 시각화해 오염 추세를 파악했습니다. 데이터에 기반한 논의는 팀의 아이디어를 더욱 구체화하고 실현 가능하게 만들었습니다.

협력하는 배움이 더 큰 성장을 만든다

협업 학습은 단순히 역할을 나누는 활동이 아니라, 아이들에게 다양한 능력을 키워주는 경험의 장입니다. 협업 과정에서 아이들은 자신의 아이디어를 공유하고, 다른 사람의 의견을 경청하며 조화를 이루는 방법을 배웁니다. 프로젝트를 진행하며 아이디어를 논의하고 자료를 조율하는 과정에서 자연스럽게 소통 능력이 강화됩니다.

또한 각자 맡은 역할을 충실히 수행해야 팀의 목표를 달성할 수 있다는 점에서 협업 학습은 아이들에게 책임감을 심어줍니다. 자신이 맡은 부분이 팀 전체에 영향을 미친다는 것을 깨달으며, 자신의 역할에 최선을 다하게 됩니다.

팀원들과 함께 문제를 해결하며 새로운 아이디어를 제시하는 활동은 창의적 사고를 자극합니다. 예를 들어, "재활용을 더 쉽게 만들려면 분리 배출함을 어떻게 설계해야 할까?"라는 질문을 던지며 아이들은 독창적인 해결책을 모색하게 됩니다.

함께 배우고 함께 미래를 준비하자

아이들은 협업 학습을 통해 효율적인 협력과 창의적 문제 해결 능력을 배우며 성장합니다. 서연이와 친구들이 진행한 '미래의 친환경 도시' 프로젝트처럼, 디지털 도구를 활용한 협업 학습은 아이들에게 팀워크의 중요성과 협력의 가치를 체감하게 합니다.

현대 사회는 더욱 복잡해지고, 다양한 관점이 공존하는 협력 중심의 사회로 변화하고 있습니다. 협업 학습은 아이들이 다양한 배경과 의견을 가진 사람들과 소통하며 문제를 해결할 수 있는 능력을 키워줍니다. 또한, 디지털 기술은 협업 학습의 도구로 활용될 때 그 가치를 극대화합니다.

협업 학습은 디지털 네이티브가 미래를 준비할 수 있는 강력한 기반이 됩니다. 팀워크와 창의적 문제 해결 능력을 배우는 경험은 아이들이 디지털 세상에서 자신감 있고 조화롭게 성장할 수 있도록 돕습니다. 협업 학습은 단순한 공부 방법이 아니라, 아이들이 서로 소통하고 문제를 해결하며 미래를 준비하는 힘을 길러줍니다.

7

문제 해결력을 기르는
읽기 습관

문제를 해결하는 힘, 배움의 시작이다

초등학교 5학년 반에서 '지역 공원의 쓰레기 문제를 해결하자'라는 프로젝트가 시작되었습니다.

선생님은 먼저 아이들에게 동화책 『깨끗한 공원을 꿈꾸는 고양이』를 읽게 했습니다.

이 동화는 고양이가 사람들이 버린 쓰레기로 고통받는 공원의 동물 친구들을 돕기 위해 노력하며 깨끗한 공원의 필요성을 알리는 이야기입니다.

아이들은 동화를 읽으며 자연스럽게 쓰레기 문제의 심각성에 대해 고민하기 시작했습니다.

'진짜 공원도 이렇게 더러울까?' 하는 궁금증이 생긴 아이들은 직접 공원을 찾아가 보기로 했습니다.

공원으로 체험학습을 간 아이들은 눈 앞에 펼쳐진 쓰레기 더미에 놀라움을 감추지 못했습니다.

벤치 밑의 음식 포장지, 쓰레기통 주위에 쌓인 플라스틱 병, 나뭇가지에 걸린 비닐봉지 등 동화 속 이야기처럼 현실에서도 공원이 쓰레기로 고통받고 있었습니다.

"왜 쓰레기가 이렇게 많은 걸까?"

"사람들이 제대로 버리지 않는 이유가 뭘까?"

아이들은 문제의 원인을 더 깊이 이해하기 위해 공원 관리사무소 직원과 인터뷰를 진행했습니다.

인터뷰를 통해 알게 된 사실은 쓰레기통 부족과 방문객들의 무관심이 주요 원인이라는 것이었습니다. 아이들은 이 문제를 해결하기 위해 자신들이 할 수 있는 일을 고민하기 시작했습니다.

교실로 돌아온 아이들은 팀을 나눠 해결책을 구상했습니다.

한 팀은 "공원 입구에 쓰레기 줍기 미션을 만들어 참여를 유도하자."라며 캠페인 아이디어를 냈습니다.

또 다른 팀은 "쓰레기통 디자인을 바꿔 눈에 띄게 하자."라며 분리배출을 쉽게 할 수 있도록 색상을 다르게 하고, 캐릭터 그림을 그리는 등 창의적인 아이디어를 제안했습니다.

아이들은 각자의 아이디어를 발표 자료로 정리했습니다. 손으로 직접 그린 포스터를 준비한 팀도 있었고 태블릿을 활용해 쓰레기통 디자인 모형을 만든 팀도 있었습니다.

발표 당일, 아이들은 그동안의 고민과 노력이 담긴 자료를 가지고 자신감 있게 발표했습니다. 생생한 이미지와 명확한 설명 덕분에 친구들과 선생님의 큰 호응을 얻었습니다.

이 프로젝트를 통해 아이들은 단순히 환경 문제를 배우는 것을 넘어서 직접 문제를 해결하는 경험을 하고, 팀워크와 창의적인 문제 해결 능력을 기를 수 있었습니다.

또한, 디지털 도구를 활용한 발표 준비를 통해 표현력과 소통 능력도 키우는 기회를 가졌습니다.

아이들은 이번 경험을 통해 자신들이 만든 변화에 큰 보람을 느낄 수 있었고, 나아가 문제를 해결하기 위해 함께 협력하는 힘을 배웠습니다.

스스로 답을 찾으며 성장하자

이 프로젝트에서 아이들은 단순히 글을 읽고 이해하는 것을 넘어, 읽은 내용을 현실의 문제와 연결하고 해결책을 모색하는 경험을 했습니다. 동화책과 공원 관찰, 팀 활동을 통해 아이들은 질문을 던지고 답을 찾아가는 능력을 키웠습니다. "우리가 만든 아이디어로 공원이 더 깨끗해지면 좋겠다."라고 말한 아이들의 바람이 실제로 이뤄지는 것을 보며,

아이들은 문제 해결 과정에서 성취감을 느끼게 되었습니다.

문해력, 이제는 읽기에서 실천으로!

오늘날 우리는 단순히 글을 읽고 뜻을 이해하는 것을 넘어, 문제를 해결할 수 있는 문해력이 필요한 시대를 살고 있습니다. 아이들이 글을 읽고 깊이 생각하며, 이를 현실에 적용해 문제를 해결하는 능력을 키우는 것이 진정한 문해력의 목표입니다. 예를 들어, 학교 폭력 예방이라는 주제를 다룬 수업에서는 관련 기사를 읽은 후 아이들에게 질문이 주어졌습니다.

"피해 학생은 어떤 기분이었을까?" "갈등을 해결하기 위해 어떤 대화가 필요했을까?" 아이들은 자신의 경험과 연결하며 공감 능력을 키웠습니다. 팀별로 캠페인 아이디어를 구상하고 발표하는 과정에서 글의 내용을 현실 문제와 연결했습니다.

배운 것을 삶에서 직접 써먹어 보자

아이들이 단순히 글을 읽는 데서 끝나지 않고, 이를 바탕으로 행동으로 이어갈 수 있도록 하기 위해 다음과 같은 방법을 활용할 수 있습니다.

좋은 질문이 깊은 생각을 만든다

글을 읽은 후, "이 문제를 해결하려면 어떤 방법이 있을까?"와 같은 질문을 던지며 아이들이 깊이 생각할 수 있도록 돕습니다. 예를 들어, 환경 문제를 다룬 글을 읽었다면, "우리 동네 쓰레기 문제를 해결하려면 무엇을 할 수 있을까?"라는 질문을 통해 실질적인 해결 방안을 고민하게 할 수 있습니다.

현실과 연결될 때 진짜 배움이 된다

그다음에는 읽은 내용을 실제 상황과 연결해 행동으로 옮길 수 있도록 합니다. 예를 들어, 환경 관련 글을 읽은 후 가정에서 쓰레기 분리배출 활동을 진행하거나, 시간 관리에 관한 글을 읽고 자신의 주말 계획표를 만들어보는 등의 활동을 시도할 수 있습니다.

쓰고 말하며 더 깊이 이해하자

읽은 내용을 글로 정리하거나 친구들과 토론하는 것은 사고력을 확장하는 데 효과적입니다. "이 글에서 가장 중요한 메시지는 무엇인가?" "이 문제를 해결하기 위해 내가 할 수 있는 일은 무엇일까?" 이와 같은 질문을 주제로 친구들과 대화를 나눈다면 서로의 관점을 이해하고 배우는 시간을 가질 수 있습니다.

스마트하게 배우고 활용하자

글에서 얻은 아이디어를 디지털 도구를 통해 시각적으로 표현하면 더 흥미롭고 창의적인 접근이 가능합니다. Canva나 PowerPoint를 활용해 발표 자료를 만들거나, 그림을 그려 프로젝트를 시각화하면 아이들이 글의 내용을 더 잘 이해하고 기억할 수 있습니다.

배운 것을 실천하면 세상이 달라진다

문해력은 단순히 글을 읽고 이해하는 데 그치지 않습니다. 읽은 내용을 현실 문제로 연결하고 이를 해결하려는 행동으로 이어질 때 진정한 가치를 발휘합니다. 프로젝트나 협력 학습을 통해 아이들이 다양한 관점에서 문제를 바라보고 해결하는 경험을 제공해야 합니다.

디지털 도구를 활용하거나 팀 활동을 통해 아이디어를 구체화하는 과정은 문해력을 실질적인 행동으로 전환하는 데 큰 도움이 됩니다. 이러한 경험을 통해 아이들은 글이 단순히 정보 전달 수단이 아니라 세상을 변화시키는 도구라는 것을 깨닫게 됩니다.

문해력은 세상을 이해하고, 그 속에서 자신의 역할을 발견하며, 더 나은 미래를 만들어가는 힘입니다. 읽기와 실천을 통해 아이들은 자신의 사고와 행동이 변화를 만들어낼 수 있다는 자신감과 성취감을 얻게 됩니다.

⑧

게임과 이야기를
활용한 읽기 교육

게임을 좋아하는 민수의 이야기

초등학교 4학년 민수는 책 읽기를 별로 좋아하지 않았습니다.

"엄마, 책은 너무 지루해요. 읽어도 무슨 말인지 잘 모르겠어요."

민수는 항상 이렇게 말하며 책을 멀리했습니다.

하지만 게임 앞에서는 완전히 180도 달라집니다. 특히 마인크래프트에 푹 빠져 있는 민수는 그 안에서 자신만의 세상을 만들고 탐험하며 모험을 즐깁니다.

게임 속에서는 끝없는 상상과 모험이 기다리고 있었기 때문에 지루할 틈이 없었습니다.

어느 날, 학교에서 특별한 공지가 있었습니다.

"얘들아, 이번 주 수업은 마인크래프트 에듀케이션 에디션으로 할 거야. 주제는 '고대 도시의 비밀을 풀어라!'"

교실은 순식간에 술렁이기 시작했습니다.

"게임으로 공부를 한다고?"

아이들은 기대감에 가득 찬 눈빛을 보냈고, 민수 역시 조금 의아하면서도 설레는 마음이 들었습니다.

게임으로 공부한다는 것은 민수에게도 새로운 경험이었습니다. 드디어 수업이 시작되자, 아이들은 팀을 이뤄 가상 세계 속 고대 도시를 탐험하게 되었습니다.

숨겨진 보물을 찾는 미션을 수행하며, 도시 곳곳에 숨겨진 단서를 읽고 해석해야 했습니다.

단서를 읽는 일은 민수에게 귀찮은 숙제 같았지만, 보물을 찾기 위해서는 반드시 필요한 과정이었습니다. 게임 속에서 단서를 놓치면 절대 보물을 찾을 수 없었기 때문입니다.

"여기 상자 안에 뭐가 있어!"

한 팀원이 외치자 민수가 상자를 열고 낡은 책을 꺼냈습니다.

책 속에는 "태양이 지는 방향으로 세 번째 돌탑 아래에 보물이 숨겨져 있다."라는 문장이 적혀 있었습니다.

처음에는 복잡해 보였던 문장이었지만, 민수는 곧바로 "이게 단서야!"라고 외치며 친구들에게 설명했습니다. 단서를 읽고 해석하는 재미에 빠져든 민수는 팀원들과 협력해 돌탑을 찾아가며 점점 미션에 몰입하기 시작했습니다. 여러 단서를 읽고 해석한 끝에 마침내 보물을 발견한 민수의 팀은 환호했습니다.

"오예! 이겼다!"

수업이 끝난 뒤, 선생님이 물었습니다.

"글을 읽고 해석하는 게 왜 중요하다고 느껴졌니?"

민수는 조금 쑥스러운 표정으로 대답했습니다.

"단서가 글에 다 있네요. 책도 읽어 보면 재밌네요."

민수는 처음으로 글을 읽는 즐거움을 느꼈습니다. 지루하고 어렵게만 느껴졌던 글 읽기가 재미있는 모험으로 다가온 순간입니다. 이 경험은 민수에게 책과 글을 읽는 새로운 즐거움을 알려주었습니다.

이야기 속에서 배우면 더 잘 기억할까?

민수의 사례는 스토리텔링과 문해력 교육이 자연스럽게 결합될 수 있음을 보여줍니다. 처음에는 책 읽기를 지루해했던 민수가 마인크래프트 속 이야기에 몰입하면서 글을 읽고 해석하는 재미를 발견한 것은 단순한 우연이 아니었습니다.

민수는 게임 속 단서를 읽고 해석하며 보물을 찾는 과정을 통해 이야기의 흐름을 이해하고, 문제 해결의 실마리를 찾아냈습니다.

이 과정에서 민수는 글을 단순히 읽는 것이 아닌 사건의 인과관계를 파악하고 의미를 해석하며 자신의 생각을 연결하는 경험을 했습니다. 이것이 바로 스토리텔링의 힘입니다.

이야기는 아이들에게 단순한 정보 전달을 넘어 생각하고 연결하며 배우는 경험을 제공합니다. 예를 들어, 『아기 돼지 삼형제』 이야기를 읽는 아이는 각 돼지가 어떤 집을 짓고 늑대가 어떤 방식으로 공격하는지를 따라가며 이야기의 흐름을 이해합니다.

여기서 자연스럽게 "왜 막내 돼지가 벽돌집을 지었을까?", "늑대가 실패한 이유는 뭘까?" 같은 질문이 떠오르며 아이들은 사건의 인과관계를 생각하고 문제 해결의 중요성을 깨닫게 됩니다.

이처럼 이야기 속 사건은 생각의 연결고리가 되어, 아이들이 논리적 사고와 문해력을 동시에 키웁니다. 디지털 시대에는 이러한 스토리텔링이 더욱 확장됩니다.

게임과 공부, 함께하면 새로운 가능성이 열린다

게임은 단순한 오락을 넘어 학습 도구로도 유용하게 활용될 수 있습니다. 예를 들어, '스크래블'이나 '워드스케이프' 같은 게임은 단어를 조합하고 퍼즐을 풀며 어휘력을 자연스럽게 확장시킵니다. 이 과정에서 새로운 단어를 익히고 문맥을 통해 의미를 추론하면서 독해력과 언어적 사고 능력이 발달합니다. 또한, '듀오링고'와 같은 학습 앱은 게임의 재미를 활용해 아이들이 다양한 언어를 효과적으로 배울 수 있도록 돕고 있습니다.

이처럼 게임 기반 학습은 아이들의 집중력과 문제 해결 능력을 향상 시킵니다. 마인크래프트는 아이들이 블록을 조합해 가상의 세계를 만들며 창의력과 공간 지각 능력을 키우도록 합니다. 또한, 자원을 효율적으로 관리하고 목표를 달성하기 위한 전략을 세우는 과정에서 논리적 사고력과 계획력도 발달합니다. 퀴즐렛(Quizlet) 같은 앱도 게임 형식으로 단어를 암기하게 함으로써 반복 학습의 지루함을 줄이고 학습 동기를 높여줍니다. 학생들은 친구들과 점수를 겨루며 자연스럽게 경쟁심과 성취감을 느끼며 학습에 몰입할 수 있습니다.

하지만 게임 기반 학습에는 주의해야 할 점도 분명히 있습니다. 지나치게 경쟁적인 환경은 일부 학생에게 스트레스를 줄 수 있고 게임에 중독될 위험도 있습니다. 학부모와 교사의 적절한 개입으로 아이들에게 게임 사용 시간을 적절히 조절하고, 교육적 목표에 맞는 게임을 선택해야 합니다.

더욱 중요한 점은 아이들에게 게임 자체가 목적이 되지 않도록 학습 목표를 명확히 해줘야 합니다. 게임 후에는 배운 내용을 복습하거나 실생활에 적용해보는 활동을 함께 병행해야 합니다. 예를 들어, 퀴즐렛(Quizlet)으로 새로운 영어 단어를 익힌 후 그 단어를 사용한 문장 만들기나 짧은 글쓰기를 통해 학습 내용을 심화할 수 있습니다.

문해력과 이야기, 창의력까지 키우는 방법

디지털 스토리텔링은 학습과 창의적 사고를 결합하는 데 중요한 역할을 합니다. 예를 들어, 스토리 메이트(Story Mate) 같은 앱은 자신만의 이야기를 만들 수 있는 게임 앱입니다. 아이들은 자신만의 이야기를 게임하듯 하며 자신만의 소설로 만들 수 있습니다.

바로 이러한 과정을 살펴보면 아이들은 재미있기 때문에 이야기를 만듭니다. 생각하면서 이야기를 만들게 됩니다. 또한 자신의 이야기를 글로 쓰면서 문법에 맞게 생각합니다. 자연스럽게 논리적 사고와 문제 해결 능력을 동시에 키워줍니다.

민수의 사례처럼, 게임 속에서 텍스트를 읽고 해석하는 활동은 단순한 독서가 아니라 문제 해결의 과정으로 이어집니다. 아이들은 이야기를 통해 자신만의 방식으로 정보를 처리하고, 이를 실생활과 연결하며 사고의 폭을 넓힙니다.

재미있는 배움, 게임과 이야기의 힘

오늘날의 게임은 단순한 오락이 아닙니다. 게임 속에서 아이들은 재미를 느끼며 학습에 몰입하고, 문해력을 포함한 다양한 역량을 키울 수 있습니다. 단어 퍼즐, 스토리 카드, 롤플레잉 게임, 디지털 학습 게임 등은 모두 문해력과 창의적 사고를 동시에 발전시키는 도구가 될 수 있습니다. 이러한 게임과 스토리텔링의 결합은 학생들에게 학습 내용을 단순히 암기하는 것을 넘어, 이를 실생활에 적용하도록 돕습니다. 예를 들어, 스토리 큐브 같은 도구는 논리적 사고와 맥락 이해력을 강화하며, 프로디지 같은 게임은 학습 동기를 높이는 데 효과적입니다.

게임으로 학습의 경계를 허물다

게임과 스토리텔링은 문해력을 향상시키는 강력한 도구입니다. 이를 통해 아이들은 단순히 텍스트를 읽고 정보를 이해하는 것을 넘어, 창의적으로 사고하고 문제를 해결하며 협력하는 능력을 키울 수 있습니다. 특히, 디지털 환경에 익숙한 오늘날의 아이들에게 게임과 스토리텔링은 학습의 경계를 허물고, 재미와 학습을 결합한 새로운 경험을 제공합니다. 교육 현장에서 이 도구들을 적절히 활용한다면, 학생들은 학습의 즐거움을 느끼며 다양한 역량을 키울 수 있을 것입니다. 민수가 게임 속에서 문해력을 배운 것처럼, 모든 아이들이 재미있는 경험을 통해 자신감을 얻고, 세상을 이해하며 성장할 수 있는 시대입니다.

PART 3

미래를 읽는
문해력의 핵심 10가지

디지털 시대가 발전하면서 읽기 방식과 사고 방식도 달라지고 있습니다. 검색력과 가짜 뉴스에 속지 않는 법, 영상과 텍스트를 목적에 맞게 활용하는 능력이 중요합니다. 멀티태스킹이 흔하지만 깊이 있는 사고를 위해 집중력과 깊이 읽기의 가치를 다시 깨달아야 합니다. 또한, 문해력 격차를 줄이고 누구나 디지털 시대에 적응할 수 있도록 도와야 합니다.

이번 장에서는 미래를 준비하는 문해력의 핵심 요소 10가지를 통해 균형 잡힌 사고력과 깊이 읽기 습관을 유지하는 방법을 살펴봅니다.

1

흩어진 집중력을
다시 회복하자

디지털 시대, 책 읽기의 방식이 변한다

스마트폰과 태블릿, 컴퓨터가 아이들의 새로운 책장이 되었습니다. 클릭 한 번으로 방대한 정보를 읽고, 듣고, 보면서 탐험할 수 있는 시대입니다. 디지털 기기를 통해 하이퍼텍스트를 따라가며 배우고, 시청각 자료로 학습하며, 새로운 방식으로 독서와 학습을 경험하고 있습니다. 단순히 종이책을 대체하는 것이 아니라, 디지털 읽기는 아이들의 사고와 학습 방식을 새롭게 바꾸고 있습니다.

디지털 읽기의 가장 큰 매력은 어디서든 편리하게 정보를 얻을 수 있다는 점입니다. 무거운 책을 들고 다닐 필요 없이, 손안의 기기로 필요한 정보를 바로 검색할 수 있습니다. 중요한 부분을 하이라이트하거나, 때로는 오디오로도 들을 수 있습니다. 이처럼 접근성이 뛰어나고 다양한 기능이 있는 디지털 읽기는 아이들의 일상과 학습을 더욱 풍요롭게 만듭니다.

디지털 기술이 가져온 새로운 읽기의 가능성

디지털 읽기는 단순히 책을 읽는 것을 넘어, 학습과 재미를 결합합니다. 미국의 Raz-Kids[14]는 영어 학습 플랫폼으로, 아이들이 다양한 수준의 책을 읽고, 듣고, 퀴즈를 풀며 자연스럽게 영어 실력을 키울 수 있도록 돕습니다.

아이들은 자신의 수준에 맞는 자료를 선택해 매달 새롭게 업데이트되는 콘텐츠를 탐험하며 읽기의 즐거움을 느낍니다. 실제로 많은 학생들이 이 플랫폼을 통해 읽기 실력이 눈에 띄게 향상되는 성과를 거두고 있습니다. 한국에서도 디지털 독서 프로그램이 활발히 활용되고 있습니다.

리드포스쿨은 학생들의 읽기 습관과 태도를 분석해 맞춤형 피드백을 제공하며, 리딩오션은 3,000권 이상의 도서와 다양한 독서 활동을 통해 학생들에게 재미있고 유익한 학습 경험을 제공합니다.[15] 이러한 프로그램들은 게임처럼 흥미를 유발하며, 학생들이 독서와 학습에 몰입할 수 있도록 돕습니다.

집중력의 방해 요소

디지털로 글을 읽는 것은 많은 좋은 점이 있지만, 집중력을 유지하는 데 어려움을 주기도 합니다. 디지털 환경에서는 알림, 팝업, 광고 같은 방해 요소가 많아 주의가 쉽게 흐트러질 수 있기 때문입니다. 또, 하이퍼 링크와 그림, 영상 같은 여러 요소가 포함된 디지털 글은 정보를 빠르게 찾아보는 데는 도움이 되지만, 깊이 있는 읽기를 방해할 수도 있습니다.

실제로 한 연구에 따르면, 디지털 환경에서는 보통 3~5분마다 주의 가 다른 곳으로 옮겨지는 경향이 있습니다. 이는 내용을 단편적으로 훑 어보는 습관을 키우고, 깊이 생각하거나 이해하는 것을 어렵게 만들 수 있습니다. 하지만 올바른 방법과 습관을 기르면, 디지털 환경에서도 충 분히 깊이 있는 읽기를 할 수 있습니다.

산만한 세상에서 집중력을 키우는 방법

디지털 환경에서 집중력을 유지하려면 작은 실천들이 중요합니다. 먼 저 집중 시간을 짧게 설정하고 효율적으로 활용하는 것이 효과적입니 다. 제가 주로 하는 방법이 20분 책 읽기입니다. 초등학교 1학년 아이들 과 함께 책을 읽을 때, 아이들의 집중력이 짧다는 점을 고려해 20분 동 안 집중해서 읽고 5분 동안 짧게 쉬는 방식입니다. 아이들이 집중력을 유지하면서도 책 내용에 더욱 몰입할 수 있게 도와줍니다. 책을 읽는 순간만큼은 방해 요소를 줄이는 것도 중요합니다. 디지털 기기의 알림을 꺼두고, 필요하지 않은 창이나 앱을 닫아 외부 자극을 최소화합니다.

마지막으로, 읽으면서 중요한 부분을 메모하거나 하이라이트하는 습관을 들이면 글을 더 깊이 이해하고 기억하는 데 도움이 됩니다. 이러한 작은 실천들이 쌓이면 디지털 환경에서도 아이들에게 깊이 있는 읽기 경험을 시켜줄 수 있습니다.

종이책 vs. 디지털 읽기, 최적의 균형을 찾자

종이책과 디지털로 하는 읽기는 각기 다른 장점을 가지고 있습니다. 종이책은 집중력을 높여주고 깊이 있는 읽기를 가능하게 해주며, 디지털 읽기는 정보를 빠르게 찾아볼 수 있고 다양한 학습 도구를 활용할 수 있게 해준다는 장점이 있습니다.

두 가지 방식을 잘 활용하면 더 풍부한 독서 경험을 누릴 수 있습니다. 깊이 있는 학습이 필요할 때는 종이책을 활용하고, 빠르게 참고 자료를 찾거나 보충 학습을 할 때는 디지털 기기를 사용하는 것이 효과적입니다. 이렇게 두 방식을 적절히 함께 사용하면 다양한 상황에서 읽기를 즐길 수 있습니다.

디지털 읽기는 우리에게 새로운 배움을 주며, 동시에 생각의 폭을 넓혀주는 도구입니다. 하지만 집중력을 유지하는 것이 쉽지 않기 때문에 올바른 읽기 방법과 습관이 필요합니다. 디지털 읽기의 장점을 잘 활용하면서도 종이책으로 깊이 읽는 습관을 함께 기르면, 균형 잡힌 독서 습관을 만들 수 있습니다.

2

미래 세대의 SNS를
배움터로 만들자

우리 몸에서 가장 중요한 부분

어느 날, 1학년 담임선생님이 반 아이들에게 물었습니다.

"애들아, 우리 몸에서 제일 중요한 부분이 어디라고 생각하니?"

아이들이 하나둘 손을 들며 대답하기 시작했습니다.

"머리요! 생각을 해야 하니까요!"

"심장이요! 심장이 멈추면 안 되잖아요!"

그때, 한 아이가 자신 있게 외쳤습니다.

"스마트폰이요!"

선생님이 웃으며 물었어요.

"스마트폰이 몸의 일부는 아니잖아?"

그러자 아이가 고개를 갸우뚱하며 대답했습니다.

"에이~ 선생님, 스마트폰 없으면 손가락이 할 일이 없잖아요! 엄마도 아빠도 형도 다 스마트폰만 보고 있거든요. 손가락이랑 스마트폰은 꼭 붙어 있어야 해요!"

사실, 요즘 아이들에게 스마트폰은 단순한 기계가 아닙니다. '어린이와 청소년의 휴대폰 보유 이용 행태 분석' 보고서에 따르면 초등학생 4~6학년 학생 중 81.2%가 스마트폰을 가지고 있으며, 카카오톡 같은 메신저 이용률은 고교생이 98.9%에 이르렀고, 중학생 94.5%, 4~6학년 초등학생 88.8%, 1~3학년 초등학생 76.8%가 사용한다고 합니다.

또한 학년이 올라가면 스마트폰 이용 시간은 2.5배가량 증가합니다.[16] 2019년에는 하루 평균 약 2시간 40분 정도였지만, 2022년에는 약 5시간 40분으로 두 배 이상 증가했습니다.

이들이 가장 많이 사용하는 SNS 플랫폼은 인스타그램으로 청소년 전체 중 81.6%가 이를 사용하고 있습니다. 주로 동영상을 시청하거나 업로드하는 데 활용되며, 자기 표현과 소통의 장으로도 인기가 높습니다. 또한, 초등학생들 사이에서 카카오톡은 대표적인 소통 도구로, 83.8%가 이를 사용해 친구들과 대화를 나누고 있습니다.

이처럼 초등학생들의 SNS 사용은 일상적인 활동이 되었으며, 친구들과의 소통, 정보 탐색, 자기 표현의 장으로 자리 잡았습니다. 하지만 이러한 SNS 사용이 아이들 문해력에 긍정적인 영향을 미치는지, 아니면 부정적인 영향을 주는지 살펴보는 것은 중요합니다.

다양한 글쓰기와 표현을 경험할 수 있는 기회

SNS는 짧은 글쓰기, 댓글, 사진 설명, 해시태그 등 다양한 형태의 표현을 요구합니다. 예를 들어, 초등학생들이 인스타그램에 동물 보호 캠페인과 관련된 글을 작성한다면, 간결하고 명확한 문장을 쓰는 연습을 할 수 있습니다. 또한 해시태그를 통해 키워드의 중요성을 배우고, 댓글을 통해 다른 사람들과 소통하면서 비판적 사고와 소통 능력을 기를 수 있습니다.

미 캔자스대 연구에 따르면, SNS를 사용해 과학 토론에 참여한 학생들이 그렇지 않은 학생들보다 과학 지식 습득력이 더 높았던 것으로 나타났습니다. 연구진은 생물학을 공부하는 9학년 학생 약 400명을 대상으로, 소셜 미디어를 통해 과학 토론을 할 수 있는 커리큘럼을 개발했습니다.[17]

그 결과, SNS 과학 토론 프로그램에 참여한 실험집단은 참여하지 않은 통제집단에 비해 과학적 주장을 공유하고, 과학적 현상에 대해 토론하며, 과학적 현상에 대한 지식을 논증하는 후속 테스트에서 더 높은 점수를 기록했습니다.

SNS는 이러한 협력적 글쓰기와 상호작용의 기회를 제공하며, 초등학생들이 보다 적극적으로 자신을 표현하도록 돕습니다.

영상과 이미지로 배우는 디지털 문해력

SNS는 텍스트뿐만 아니라 이미지, 동영상, 이모티콘 등 다양한 요소가 결합된 콘텐츠를 제공합니다. 이러한 멀티미디어 콘텐츠는 초등학생들이 디지털 문해력을 기르는 데 유용합니다. 예를 들어, 유튜브 쇼츠에서 짧은 뉴스 영상을 보고 이를 요약하거나 자신의 관점으로 분석하는 과제를 수행하면 정보의 핵심을 파악하고 이를 재구성하는 능력이 향상됩니다. 또한, 관심 있는 주제의 SNS 계정을 팔로우하며 새로운 단어와 정보를 자연스럽게 익히는 과정을 통해 독해력과 어휘력도 높일 수 있습니다.

그러나 SNS, 꼭 좋은 것만은 아니다!

비판적으로 생각하는 힘, SNS에서는 더욱 중요하다

SNS에서는 짧은 영상이나 간단한 댓글을 소비하는 활동이 많아, 긴 글을 읽고 숙고하는 기회가 줄어듭니다. 예를 들어 1분 이내의 쇼츠 영상에서 복잡한 주제를 다룰 경우, 핵심 정보만 간단히 전달되며 맥락과 심층적인 분석은 생략됩니다. 이러한 단편적인 정보 소비는 초등학생들에게 깊이 있는 이해를 제공하지 못하며, 정보를 수동적으로 받아들이는 경향을 강화할 수 있습니다.

알고리즘이 내 생각을 좌우할 수도 있다

SNS 플랫폼은 사용자가 관심 있는 주제를 바탕으로 콘텐츠를 추천합니다. 이는 같은 관점을 반복적으로 접하게 하여 다양한 시각을 경험할 기회를 제한할 수 있습니다. 예를 들어, 환경 문제에 관심 있는 학생이 전기차와 관련된 단순화된 메시지를 반복적으로 접하면, 복잡한 과학적, 사회적 논의를 배제한 채 단편적인 결론만 받아들이게 될 가능성이 있습니다.

SNS를 문해력 교육에 활용하는 방법

SNS가 초등학생들의 문해력을 향상시키는 도구가 되려면 구체적인 교육 방법이 필요합니다. 한 초등학교에서는 독서 후기를 인스타그램 스타일로 작성하는 활동을 도입했습니다. 학생들은 책 내용을 요약하고, 주요 문장을 인용하며, 자신의 생각을 추가해 SNS 형식으로 정리했습니다. 이러한 활동은 학생들이 책 내용을 더 잘 이해하고 정리하는 능력을 키우는 데 도움이 되었습니다.

또한, 유튜브 동영상을 활용한 요약문 작성 활동도 효과적입니다. 학생들은 동영상을 시청하며 주요 내용을 파악하고 이를 자신의 언어로 요약함으로써 정보 이해와 재구성 능력을 높였습니다. 독서 커뮤니티 SNS 프로젝트를 통해 학생들이 서로 추천 책을 공유하고 독서 후기를 작성하도록 독려하는 활동도 독해력과 비판적 사고를 강화하는 데 기여했습니다.

스마트폰이 몸의 일부가 된 아이들, SNS를 배움터로 만들자

요즘 아이들에게 스마트폰, 특히 SNS는 단순한 도구가 아니라 일상의 일부가 되었습니다. 하지만 무작정 사용하게 두면, 마치 놀이터에서 규칙 없이 뛰어노는 아이들처럼 엉망이 될 수도 있습니다. 그래서 부모와 교사의 역할이 무엇보다 중요합니다.

교사는 SNS를 활용한 활동에서 아이들이 단순히 정보를 받아들이는 것이 아니라, 팩트 체크를 하여 정보를 검증하는 습관을 기를 수 있게 해줘야 합니다. 이를 통해 가짜 뉴스와 신뢰할 수 있는 정보를 구별하며, 자신의 생각을 논리적으로 표현할 수 있도록 지도해야 합니다. 반면, 부모는 아이들의 SNS 사용을 관심 있게 지켜보면서 자연스럽게 건전한 습관을 형성하도록 도와야 합니다.

예를 들어, 아이가 하루 동안 본 SNS 글 중 흥미로운 내용을 부모와 함께 이야기하며 관련 자료를 찾아보는 것만으로도 독해력과 소통 능력을 키우는 좋은 연습이 될 수 있습니다. 또, 무턱대고 공유하지 않기(가짜 뉴스 조심!), 댓글을 쓰기 전에 한 번 더 생각하기(나쁜 말은 부메랑이 된다!), SNS보다는 진짜 친구들과 노는 시간이 더 소중하다는 걸 알기 같은 작은 규칙을 익히는 것도 중요합니다.

이처럼 부모와 교사가 함께 '안전요원' 역할을 하며 올바른 사용법을 지도해 준다면, SNS는 단순한 '시간 때우기'가 아니라 아이들이 세상을 넓게 보고 배우며 성장할 수 있는 배움터가 됩니다.

3

알고리즘이 좌우하는
사고에서 벗어나자

유튜브가 나를 '게임 전문가'로 만들었습니다!

초등학생 민준이는 친구들이 요즘 하는 게임이 궁금해 유튜브에서 "마인크래프트 꿀팁"을 검색했습니다. 영상을 하나 보고 나니, 유튜브가 "초보들이 꼭 알아야 할 마크 팁", "이건 몰랐지? 마인크래프트 비밀 10가지!" 같은 영상을 계속 추천해 주었습니다. 재미있어서 하나씩 보다 보니, 어느새 민준이의 유튜브 화면에는 온통 게임 관련 영상뿐이었습니다.

친구들이 모르는 숨겨진 기능과 공략법을 줄줄 외우게 되었고, 게임을 할 때마다 "이건 유튜브에서 봤어!"라며 전문가처럼 설명하는 자신을 발견했습니다.

그런데 이상한 점이 있었습니다. 예전에는 유튜브를 켜면 공룡 영상이나 과학 실험 같은 콘텐츠도 나왔는데, 이제는 아무리 새로고침을 해도 게임 영상만 뜨는 것입니다.

가끔 다른 걸 보고 싶어도, 알고리즘이 추천해 주는 게임 영상이 더 재미있어 보여 계속 보게 됩니다. 이처럼 알고리즘은 아이들의 검색 기록과 클릭 데이터를 분석해 취향에 맞는 콘텐츠를 추천합니다.

뉴스 기사, 쇼핑 목록, 동영상까지 모두 알고리즘의 손길이 닿아 있습니다. 이는 편리함을 선사하지만, 동시에 아이들이 접하는 정보와 생각에 깊은 영향을 미칩니다.

알고리즘의 보이지 않는 영향력

알고리즘은 편리함을 제공하지만, 정보의 다양성을 제한할 수 있습니다. 아이들이 특정 주제의 콘텐츠를 자주 소비하면, 알고리즘은 비슷한 내용만 반복적으로 보여줍니다.

이렇게 되면 새로운 관점이나 다양한 정보를 접할 기회가 줄어들어, 마치 "정보의 거품" 속에 갇히는 것처럼 느껴질 수 있습니다.

또한, 알고리즘은 아이들의 기존 신념을 강화합니다. 예를 들어, 축구를 좋아하는 민호는 FC서울 팬입니다. 유튜브에서 "FC서울 경기 하이라이트"를 검색한 뒤부터, 유튜브는 "FC서울 K리그 최강인 이유", "FC서울의 역대 레전드 선수", "FC서울 우승 가능성 100%!" 같은 영상만 계속 추천해 주었습니다. 보다 보니 민호는 확신하게 되었습니다.

"역시 FC서울이 최고야! 다른 팀은 우리만큼 강할 리 없어!"

그런데 전북 현대 팬인 친구가 말했습니다.

"전북이 더 강해! 최근 전적도 좋고, 선수들도 훨씬 좋아!"

민호는 순간 당황했습니다.

"어? 그런 이야기는 유튜브에서 못 봤는데?"

그제야 깨달았습니다. 유튜브가 자신이 관심 있는 정보만 보여주었기 때문입니다. 또한, 알고리즘은 자극적인 콘텐츠를 우선 추천합니다.

"2주 만에 10kg 감량!" 같은 과장된 다이어트 광고는 눈길을 끌지만, 종종 왜곡되거나 위험한 정보를 포함합니다. 알고리즘의 편리함 뒤에는 이러한 위험 요소가 숨겨져 있습니다.

알고리즘의 시대, 똑똑하게 살아가는 법

알고리즘이 지배하는 세상에서 중요한 것은 아이들이 정보를 주체적으로 관리하는 것입니다. 아이들이 정보를 주체적으로 관리할 수 있다는 것은 단순히 유튜브나 SNS에서 추천해 주는 콘텐츠를 그대로 받아들이지 않고, 스스로 필요한 정보를 선택하고 검토하는 능력을 갖추는 것을 의미합니다. 이것이 바로 "디지털 문해력"입니다. 디지털 문해력은 정보를 비판적으로 분석하고 현명하게 활용하는 능력입니다.

알고리즘을 제대로 알면 더 현명한 선택을 할 수 있다

알고리즘의 작동 방식을 이해하는 것이 디지털 문해력의 첫걸음입니다. 알고리즘은 우리의 행동 데이터를 기반으로 작동합니다. 따라서 특정 주제의 콘텐츠만 소비하지 말고, 다양한 주제를 의도적으로 탐구하는 습관을 기르는 것이 중요합니다.

예를 들어, 요리 동영상만 보는 대신 여행 콘텐츠도 찾아보거나, 과학 실험 영상이나 역사 다큐멘터리에도 관심을 가져보는 노력이 필요합니다. 또한, 추천 영상에만 의존하지 않고 직접 검색해서 정보를 찾아보는 습관도 중요합니다.

뉴스나 SNS에서 화제가 된 사건을 접했을 때, 다른 매체에서는 어떻게 보도하는지 비교해 보는 것이 도움이 됩니다. 이런 작은 노력들이 쌓이면, 아이들은 알고리즘이 제공하는 정보에 휘둘리지 않고, 스스로 균형 잡힌 시각을 가질 수 있는 힘을 기르게 됩니다.

눈에 보이는 정보, 그대로 믿지 말자!

정보를 접할 때 '왜 이런 내용을 보여줄까?'라고 질문해야 합니다. 출처를 확인하고, 다른 관점의 자료를 찾아보며 균형을 맞추는 것이 중요합니다. 예를 들어, 뉴스를 읽은 후에는 해당 기사를 다룬 다른 매체의 보도를 비교하거나, 주요 키워드로 직접 검색하는 습관이 필요합니다. 이렇게 하면 정보를 더 넓고 객관적으로 바라볼 수 있습니다. "특정 음식이 모든 병을 고친다"라는 기사를 보았다면, 이를 제공한 곳이 신뢰할 만한 곳인지 조사하는 과정이 필요합니다. 다양한 출처를 비교하면 더 객관적으로 판단할 수 있습니다.

디지털 세상에서 책임 있는 시민으로 행동하기

정보를 공유할 때는 신중함이 필요합니다. 잘못된 정보를 퍼뜨리지 않고, 도움이 되는 콘텐츠를 선택해야 합니다. 예를 들어, 백신과 관련된 잘못된 정보를 접했을 때, 무조건 믿고 퍼뜨리는 것이 아니라 직접 팩트 체크를 해보는 습관이 필요합니다.

공식 보건 기관이나 전문가의 의견을 찾아보고, 다른 신뢰할 만한 자료들과 비교해 보면서 정보의 진위를 확인하는 과정이 중요합니다. 또한, 팩트 체크를 통해 얻은 올바른 정보를 주변 친구나 가족과 공유하는 습관을 들이면, 잘못된 정보의 확산을 막을 수 있습니다.

이런 노력이 쌓이면, 아이들은 단순히 정보를 소비하는 것이 아니라, 스스로 판단하고 책임감 있게 활용하는 능력을 키울 수 있습니다.

학교와 가정의 역할

디지털 문해력은 학교와 가정에서 동시에 교육되어야 효과적입니다. 교사는 알고리즘의 작동 방식을 쉽게 설명하고, 학생들이 직접 체험할 기회를 제공해야 합니다.

예를 들어, 가짜 뉴스와 신뢰할 수 있는 정보를 비교하는 활동을 통해 학생들이 스스로 정보를 판단하도록 지도할 수 있습니다. 다양한 관점을 탐구하는 방법도 가르쳐야 합니다.

부모는 자녀와 함께 디지털 플랫폼을 탐색하며 알고리즘의 영향을 이야기할 수 있습니다. "이 정보가 정말 사실일까?"라는 질문을 던지고, 함께 신뢰할 만한 자료를 찾아보는 과정을 통해 자녀가 정보를 비판적으로 바라보는 습관을 기를 수 있도록 돕는 것이 중요합니다.

내 생각이 알고리즘에 속지 않는 법

알고리즘은 편리하지만, 그 이면에는 편향과 왜곡의 위험이 숨어 있습니다. 이를 극복하기 위해서는 아이들 스스로 정보를 선택하고 관리하는 능력을 키워야 합니다. 비판적 사고와 정보의 다양성을 탐구하는 습관은 모든 세대가 함께 배워야 할 중요한 능력입니다.

학교와 가정이 함께 아이들이 인터넷에서 다양한 정보를 접하고 비판적으로 사고할 수 있도록 지도한다면, 아이들은 유튜브, SNS, 뉴스 속에서 쏟아지는 정보들 가운데 무엇이 사실인지 스스로 판단하는 힘을 기를 수 있습니다.

(4)

가짜 뉴스에
속지 않는 법을 익히자

한국에서 곧 대지진이 일어난다!

초등학생 지훈이는 유튜브에서 "한국에서 곧 대지진이 일어난다!"라는 영상을 보았습니다.

영상에서는 "비밀 자료를 입수했다.", "전문가들이 경고했다."라는 자극적인 말과 함께 곧 큰 지진이 발생할 거라며 대피 준비를 해야 한다고 강조했습니다.

지훈이는 겁이 나서 가족들에게 말했습니다.

"엄마! 곧 큰 지진이 온대! 유튜브에서 봤어! 우리 이사 가야 하는 거 아니야?"

하지만 엄마는 이상하게 생각해, 기상청 홈페이지와 뉴스를 찾아보았습니다. 결과는? 그런 공식 발표는 어디에도 없었습니다. 오히려 전문가들은 "현재 한반도에서 대규모 지진이 발생할 가능성은 낮다."라고 설명하고 있었습니다. 그제야 지훈이는 깨달았습니다.

"유튜브에서 본다고 다 사실은 아니구나! 다음부터는 진짜 뉴스인지 꼭 확인해 봐야겠어."

이처럼 인터넷에는 진실된 뉴스뿐만 아니라 가짜 뉴스도 넘쳐납니다. 가짜 뉴스는 잘못된 정보를 퍼뜨리고 혼란을 초래할 수 있습니다. 특히 아이들은 뉴스가 사실인지 아닌지 구별하기 어렵기 때문에, 어릴 때부터 눈앞에 보이는 정보가 전부가 아니라는 사실을 깨닫게 해주는 것이 중요합니다.

그렇다면 아이들과 함께 가짜 뉴스를 어떻게 구별할 수 있을까요? 다음은 아이들이 가짜 뉴스에 속지 않고 스스로 판단할 수 있는 힘을 기를 수 있도록 도와주는 방법들입니다.

1. 출처 확인하기

가짜 뉴스를 판별하는 첫 단계는 출처 확인입니다. 뉴스가 어디서 나왔는지, 누가 작성했는지 파악하면 신뢰성을 평가할 수 있습니다. 공신력 있는 기관이나 전문가가 작성한 뉴스는 믿을 만하지만, 출처가 불분명하거나 이름 없는 블로그에서 작성된 경우는 조심해야 합니다.

실습 방법:

아이들과 함께 뉴스 기사를 읽으며 "이 기사를 쓴 사람이 누구일까?"를 물어봅니다. 작성자 정보가 없거나 신뢰할 수 없는 출처인 경우, 신뢰성이 낮다고 설명해 줍니다. 이 과정을 통해 아이들은 뉴스를 읽을 때 출처를 확인하는 습관을 기를 수 있습니다.

2. 제목만 보고 믿지 않는 연습하기

가짜 뉴스는 자극적인 제목으로 사람들의 관심을 끌려고 합니다. 아이들에게 제목만 보고 판단하지 말고, 내용을 자세히 읽으며 과장된 표현이나 허술한 논리를 찾아보는 연습을 시켜야 합니다.

실습 방법:

두 개의 기사를 준비해 하나는 평범한 제목, 다른 하나는 자극적인 제목을 보여줍니다. 아이들과 제목을 비교하며 "왜 자극적인 제목이 눈길을 끌까?", "이 제목이 믿을 만한가?"를 토론합니다. 이 활동은 아이들이 자극적인 제목이 사실을 왜곡할 수 있음을 깨닫게 합니다.

3. 사진과 동영상을 의심하라

가짜 뉴스는 조작된 사진이나 동영상을 사용하는 경우가 많습니다. 이런 시각 자료의 진위를 파악하려면 이미지를 다른 곳에서 찾아보거나 배경 정보를 확인해야 합니다.

실습 방법:

아이들과 함께 인터넷에서 이상하거나 자극적인 사진을 찾아봅니다. 그런 다음 구글 이미지 검색을 사용해 사진이 어디에서 유래했는지 확인합니다. "이 사진이 진짜일까?"라는 질문을 던지며 아이들이 스스로 판단할 기회를 줍니다. 이를 통해 아이들은 시각 자료를 비판적으로 바라보는 기술을 익힙니다.

4. 하나의 출처만 믿지 말고 여러 곳에서 검토하기

진짜 뉴스라면 여러 신뢰할 수 있는 출처에서 동일한 내용을 확인할 수 있습니다. 하지만 가짜 뉴스는 특정 웹사이트나 블로그에서만 언급되는 경우가 많습니다.

실습 방법:

아이들과 함께 뉴스를 하나 선택한 뒤 인터넷 검색을 통해 동일한 이야기가 다른 신뢰할 만한 출처에서도 다뤄지고 있는지 확인합니다. 정부 웹사이트나 공신력 있는 언론사를 활용해 신뢰할 수 있는 정보가 무엇인지 보여줍니다.

5. 너무 자극적인 표현을 조심하자

가짜 뉴스는 "충격적!", "믿을 수 없는 사실!" 같은 과장된 표현으로 독자의 관심을 끕니다. 아이들에게 이런 표현의 문제점을 알려주고, 평범한 제목과 비교하며 어떤 것이 더 신뢰할 수 있는지 토론합니다.

실습 방법:

아이들과 함께 "충격적", "믿을 수 없다" 같은 표현이 포함된 기사 제목을 찾아봅니다. "왜 이런 단어를 사용했을까?" "이 표현이 진짜 정보를 전달하려는 걸까 아니면 클릭을 유도하려는 걸까?" 같은 질문을 던지며 과장된 표현의 문제점을 깨닫게 합니다.

가짜 뉴스에 속지 않는 법, 디지털 시대의 필수 능력!

디지털 시대에는 정보에 쉽게 접근할 수 있지만, 가짜 뉴스도 함께 넘쳐납니다. 잘못된 정보는 사람들을 혼란에 빠뜨리고, 사회적 갈등을 유발하거나 심각한 피해를 초래할 수 있습니다. 따라서 가짜 뉴스를 판별하는 능력은 필수적인 역량입니다.

아이들에게 출처 확인하기, 과장된 표현 경계하기, 여러 출처에서 정보 확인하기 같은 기본 기술을 가르치면 정보의 진위를 판단하는 습관이 자연스럽게 생깁니다.

이러한 습관은 아이들이 비판적으로 사고하는 능력을 키우고, 디지털 환경에서도 현명하고 안전하게 행동할 수 있게 도와줍니다.

아이들과 함께 진짜와 가짜를 구별하는 눈을 기르고, 스스로 생각하고 판단하는 힘을 키워주세요.

디지털 세상 속에서도 정보에 흔들리지 않고 지혜롭게 선택하는 법을 배울 수 있습니다.

5

검색력과
정보 해결력을 키우자

똑똑한 검색! 지후의 검색 기술

초등학생 지후는 "우리나라의 전통 음식"에 대한 숙제를 하게 되었습니다. 처음에는 네이버와 유튜브에서 "한국 전통 음식"을 검색했지만, 블로그 광고 글이나 너무 짧은 설명뿐이라 정확한 정보를 찾기 어려웠습니다. 그러다 친구가 말했습니다.

"검색할 때 좀 더 자세히 써 봐! 그냥 검색하면 광고 글만 나온대."

그래서 지후는 검색 방법을 바꿔보기로 했습니다.

"한국 전통 음식 특징 정리"라고 검색하니, 김치, 된장찌개, 떡국 등 대표적인 음식들의 특징을 정리한 글이 나왔습니다. 또한, "조선시대 사람들이 먹던 음식 site:.kr"으로 검색하니 한국민족문화대백과사전, 농림축산식품부와 문화재청에서 제공하는 신뢰할 수 있는 자료를 찾을 수 있었습니다.

유튜브에서는 "전통 음식 만드는 과정 다큐멘터리"를 검색해, 실제 장인이 만드는 과정을 담은 영상을 보면서 내용을 보완했습니다. 숙제를 마친 뒤, 지후는 깨달았습니다.

"처음에 그냥 검색했을 때는 광고랑 대충 정리된 글만 나왔는데, 좀 더 구체적으로 검색하니까 진짜 필요한 정보가 나오네!"

디지털 시대를 살아가는 아이들에게 검색 기술과 정보 해석 능력은 필수 역량입니다. 디지털 네이티브 세대는 어릴 때부터 인터넷과 스마트폰을 사용하며 방대한 정보 속에서 살아가고 있습니다. 하지만 단순히 검색 기술에 능숙하다고 해서 정보의 신뢰성을 평가하거나 맥락을 이해하는 능력이 뛰어난 것은 아닙니다.

검색 기술은 인터넷, 검색 엔진, 디지털 도구를 활용해 자신이 필요한 정보를 효율적으로 찾아낼 수 있는 능력을 의미합니다. 디지털 네이티브 세대는 검색 엔진, 음성 검색, 자동 완성 기능 등을 활용해 정보를 탐색하지만, 급변하는 환경에서 효과적인 정보 탐색을 하기 위해서는 찾은 정보가 올바른 정보인지 판단하는 능력이 요구됩니다.

검색 목적	올바른 검색 방법	검색 예시
1. 숙제나 리포트 자료	키워드 + 주제명 (예: '지구온난화 원인 정리')	'한국 전쟁 원인 정리' 또는 '광합성 과정 쉽게 설명'
2. 정확한 뉴스나 정보	site:.go.kr 또는 site:.ac.kr 사용 (예: site:bbc.com 환경 오염 뉴스)	'site:kbs.co.kr 우주 탐사 뉴스' OR 'site:science.go.kr 공룡 멸종 이유'
3. 최신 과학과 기술 트렌드	최근 1년 내 검색 필터 적용 또는 '2025' 추가 (예: 'AI 기술 발전 2024')	'스마트폰 배터리 발전 2025' 또는 '자율주행 자동차 기술 2025'
4. 주제 비교 및 분석	VS 또는 비교 키워드 추가 (예: '아이폰 vs 갤럭시 성능 차이')	'수소차 vs 전기차 차이점' 또는 '온라인 수업 장점과 단점'
5. 논문이나 연구 자료	Google Scholar 또는 Naver 학술정보 이용 (예: site:scholar.google.com 환경 보호 연구)	'site:scholar.google.com 태양광 발전 연구' 또는 'site:scienceon.kisti.re.kr 로봇 AI 논문'
6. 파일 형식 (PDF, PPT)	filetype:pdf 또는 filetype:ppt 추가 (예: '역사 문화유산 filetype:pdf')	'세계 2차 대전 정리 filetype:pdf' 또는 '화학 실험 PPT filetype:ppt'

정보 해석 능력, 왜 중요할까?

정보 해석 능력은 찾은 정보를 비판적으로 평가하고, 자료 출처를 검증하며, 맥락을 이해해 올바른 결론을 내리는 능력을 의미합니다. 예를 들어, 한 초등학생이 '강아지 돌보기'라는 주제로 발표를 준비하면서 "강아지는 초콜릿을 먹어도 괜찮다"라는 글을 인터넷에서 찾았다고 가정해 봅시다.

정보 해석 능력이 부족하다면, 해당 글을 그대로 믿고 발표 자료에 넣을 가능성이 있습니다. 하지만 정보 해석 능력이 있다면 이 학생은 글의 출처를 확인하고, 해당 정보가 신뢰할 만한 자료인지 검증할 것입니다. 다른 자료와 비교하여 "강아지가 초콜릿을 먹으면 위험하다."라는 과학적 정보를 찾고 발표 자료를 수정할 수 있습니다.

이처럼 다양한 자료를 비교하고 검토하여 사실 여부를 판단하는 능력이 바로 정보 해석 능력입니다.

정보 해석 능력이 부족할 때 생기는 문제

잘못된 판단으로 이어지는 위험

정보 해석 능력이 부족하면 잘못된 정보를 믿고 행동에 옮길 위험이 있습니다. 예를 들어, 어떤 초등학생이 "식물은 물을 주지 않아도 잘 자란다."라는 글을 믿고 화분에 물을 주지 않는다면 식물이 말라 죽을 수 있습니다. 또 다른 사례로, "햇빛 아래 오래 있으면 키가 빨리 큰다."라는 글을 믿고 한여름에 오랜 시간 햇빛 아래 노출되었다가 피부 손상이나 열사병을 겪을 수 있습니다.

틀린 과제를 제출할 가능성

학교 숙제나 과제를 할 때 잘못된 정보를 참고하면 틀린 답을 제출할 수 있습니다. 예를 들어, "달은 빛을 스스로 내는가?"라는 과학 숙제를 받은 학생이 인터넷에서 "달은 빛을 내는 천체다."라는 잘못된 정보를 보고 이를 답안으로 제출했다면, 교과서나 신뢰할 만한 자료를 참고하지 않은 결과로 답을 틀리게 됩니다.

잘못된 정보를 친구들에게 전달하는 실수

정보 해석 능력이 부족하면 다른 사람에게 잘못된 정보를 전달할 수도 있습니다. 예를 들어, "독사에게 물리면 움직이지 않는 것이 좋다."라는 정보를 친구에게 알려줬을 경우, 친구가 실제 상황에서 적절한 대응(빠르게 도움 요청 및 병원 이동)을 놓칠 수 있습니다.

광고나 사기에 쉽게 속을 위험

광고나 허위 정보를 믿고 행동할 위험도 있습니다. 예를 들어, "이 앱을 깔면 공짜로 게임을 즐길 수 있다."라는 광고를 보고 앱을 설치했다가 기기 성능이 저하되거나 개인 정보가 유출될 가능성도 있습니다.

정보를 올바르게 해석하는 4가지 방법

1. 출처를 확인하는 습관 기르기

아이들이 인터넷에서 정보를 찾을 때 출처를 확인하는 습관을 기르는

것이 중요합니다. 부모와 함께 뉴스를 읽거나 숙제를 준비하며 "이 정보
는 어디에서 나왔을까?" "이 글을 쓴 사람은 누구일까?"를 검토합니다.
교과서, 유명 도서관 사이트, 또는 신뢰할 수 있는 뉴스 매체를 사용하
는 법을 배우도록 지도합니다.

2. 한 가지 자료만 믿지 말고 비교해보기

하나의 정보만 믿는 대신, 여러 자료를 찾아보고 비교하는 습관을 키
웁니다. 예를 들어, "코끼리와 기린 중 누가 더 클까?"라는 질문을 두고,
다양한 책이나 인터넷 자료를 비교해 보는 활동을 통해 다양한 관점을
배우게 합니다.

3. 비판적으로 질문하며 생각하는 연습

"이 글이 맞을까?" "왜 이렇게 주장했을까?" 같은 질문을 던지며 생각
하는 습관을 키웁니다. 가짜 뉴스와 진짜 뉴스를 비교하는 활동을 활용
하면 효과적입니다. 예를 들어, "초콜릿을 먹으면 키가 더 빨리 큰다."
라는 가짜 뉴스와 "초콜릿을 먹으면 에너지가 생긴다."라는 진짜 뉴스를
비교하며 사실과 의견을 구분하는 연습을 할 수 있습니다.

4. 학교 과제에서 정보 분석을 연습하기

학교 과제를 통해 정보 해석 능력을 훈련할 수 있습니다. "우주에서

사람이 살 수 있는 행성은 무엇인가요?"라는 과제를 예로 들면, 교과서를 먼저 참고한 뒤 인터넷에서 추가 자료를 찾아 비교하며 정보를 검토하는 방법을 배웁니다. 자료 간 차이가 있다면, 선생님이나 부모님께 질문하여 정보를 확인하는 태도를 기릅니다.

리드포스쿨 활용 사례: 정보 해석 능력, 이렇게 키운다!

리드포스쿨(READ for School)은 비주얼캠프가 개발한 AI 기반 학습 프로그램으로, 학생들의 정보 해석 능력을 향상시키기 위해 설계되었습니다. 이 프로그램은 시선추적 기술과 AI 맞춤형 콘텐츠를 활용해 학생들이 텍스트를 읽는 동안 이해하기 어려운 부분을 파악하고 이를 해결하도록 돕습니다.

예를 들어, 학생이 특정 문장에서 멈췄다면, 이해가 어려운 부분을 분석해, 학생 수준에 맞춘 자료를 제공합니다. 이를 통해 학생은 지나치게 어렵거나 쉬운 자료로 인한 비효율 학습을 줄이고, 자신의 속도에 맞게 학습하며 정보 해석 능력을 단계적으로 발전시킬 수 있습니다. 리드포스쿨은 국어, 과학, 역사 등 다양한 교과와 실생활 정보를 연계한 자료를 활용해 학생들에게 여러 출처의 정보를 비교·분석하는 기회를 제공합니다. 이를 통해 정보의 신뢰성을 평가하고 비판적으로 사고하는 방법을 배울 수 있습니다.

디지털 시대, 정보를 제대로 이해하는 능력이 곧 경쟁력이다!

검색 기술과 정보 해석 능력은 디지털 시대를 살아가는 데 필수적인 역량입니다. 디지털 네이티브 세대는 정보 검색에는 익숙하지만, 신뢰할 수 있는 정보를 판단하거나 맥락을 이해하는 능력은 부족한 경우가 많습니다. 이를 해결하기 위해 체계적인 교육과 훈련이 필요합니다. 출처 검증, 비판적 사고 훈련 등을 통해 디지털 문해력을 강화하면, 학생들은 정보의 소비자에서 주체적이고 비판적인 정보 활용자로 성장할 수 있습니다.

영상과 텍스트, 목적에 맞게 활용하라

6.25 전쟁을 영상과 텍스트로 배우기

겨울방학 특강으로 아이들과 함께 '6.25 전쟁'에 대한 수업을 하던 날이었습니다. 생각해보면 아이들에게 '6.25 전쟁'이라는 단어는 낯선 단어입니다. 저는 6.25 전쟁이 무엇인지 아주 쉽게 설명한 유튜브 영상을 찾아서 먼저 보여줬습니다.

영상은 귀여운 애니메이션 캐릭터가 등장해 타임머신을 타고 1950년으로 돌아가는 장면으로 시작했습니다. 38선을 사이에 두고 남한과 북한이 서로 등을 돌리고 서 있는 모습, 북한이 갑자기 남한을 공격하며 전쟁이 시작되는 장면, 피난을 가는 가족들의 모습이 간단하고 쉽게 설명되었습니다. 아이들은 영상에 완전히 몰입한 채 눈을 반짝이며 화면을 바라보았습니다. 짧고 쉬운 설명 덕분에 6.25 전쟁의 개요를 영상으로 이해할 수 있게 되었고, 6.25 전쟁에 대해 직관적으로 이해할 수 있었습니다. 영상이 끝난 후, 몇몇 아이들이 감탄하는 눈치였습니다.

"아! 그래서 6.25 전쟁이 생긴 거구나!"

2차 텍스트 자료로 깊이 있게 생각하기

하지만 여기서 수업을 끝내지 않았습니다. 저는 아이들에게 미리 준비한 6.25 전쟁에 대한 텍스트 자료를 나눠주며 말했습니다.

"방금 영상에서 본 내용을 조금 더 깊이 알아보자. 서준이가 한번 읽어 볼까?"

준비한 텍스트 자료에는 다음과 같은 내용이 담겨 있었습니다.

"한국은 1945년 해방되었지만, 남과 북이 서로 다른 이념을 따르며 갈등이 깊어졌습니다."

"결국 1950년 6월 25일, 북한이 남한을 공격하면서 한국 전쟁이 발발했습니다."

"이 전쟁은 미국과 소련을 비롯한 여러 나라가 개입한 국제적인 갈등으로 확산되었습니다."

아이들은 영상에서 봤던 내용을 떠올리며 글을 읽기 시작했습니다. 처음에는 조금 어려워했지만, 곧 영상과 텍스트를 연결하며 이해하는 모습을 보였습니다. 읽던 도중 동욱이가 손을 들며 물었습니다.

"선생님, 남한하고 북한이 왜 갈등이 생긴 거예요? 그냥 사이좋게 지

내면 안 됐나요?"

저는 미소 지으며 대답했습니다.

"좋은 질문이야. 영상에서는 그냥 공격했다고 나왔지만, 사실 그 배경에는 민주주의와 공산주의라는 서로 다른 생각이 있었어. 남한은 민주주의를, 북한은 공산주의를 따랐고, 그 생각의 차이가 갈등을 만들었지."

아이들은 고개를 끄덕이며 이해하는 듯했습니다. 하지만 한 아이가 손을 들고 질문했습니다.

"그런데 생각이 다르다고 꼭 싸워야 하나요? 그냥 다르게 살면 안 돼요?"

질문과 토론으로 비판적 사고 키우기

저는 아이들의 질문을 기다렸다는 듯 고개를 끄덕이며 말했습니다.

"좋은 질문이야! 그렇다면 왜 생각이 달랐는데 싸우게 되었을까? 혹시 이 전쟁이 남한과 북한만의 문제는 아니었던 걸까?"

아이들은 서로 눈치를 보며 생각에 잠겼습니다. 그러자 지수가 손을 들며 말했습니다.

"영상에서 미국이 남한 편, 소련이 북한 편이라고 했잖아요! 그럼 이건 남한과 북한만의 문제가 아니고… 미국하고 소련의 싸움 아니에요?"

저는 흐뭇한 표정으로 고개를 끄덕였습니다.

"맞아! 아주 중요한 부분을 짚었구나. 미국과 소련은 서로 세계를 자기편으로 만들려고 했어. 그래서 한국에서도 남한은 미국, 북한은 소련의 지원을 받게 된 거야. 이건 한국 전쟁이 단순한 남북한의 갈등이 아니라, 세계적인 갈등 속에서 벌어진 사건이라는 걸 보여주지.”

아이들은 고개를 끄덕이며 깊이 있는 생각에 잠겼습니다.

“전쟁이 이렇게 복잡한 거였구나….”

수업 마무리 - 영상과 텍스트의 연결

수업이 끝날 무렵, 저는 화이트보드에 이렇게 적었습니다.

“영상은 우리에게 장면을 보여주고, 텍스트는 생각할 거리를 주었다.”

그리고 아이들을 바라보며 말했습니다.

“오늘 우리는 영상을 통해 전쟁의 상황과 감정을 느꼈고, 텍스트를 통해 전쟁의 배경과 원인을 깊이 있게 생각해봤어. 만약 영상만 봤다면 ‘전쟁은 나빴다’ 정도로 끝났겠지? 하지만 텍스트 덕분에 ‘왜 전쟁이 일어났는가?’라는 질문을 던질 수 있었어.”

아이들은 고개를 끄덕이며 공감했습니다.

“영상 덕분에 6.25 전쟁에 대해 쉽게 이해할 수 있었지만, 텍스트를 읽으니까 더 깊이 생각하게 돼요.”

영상 vs. 텍스트, 무엇이 더 효과적일까?

이처럼 영상은 시각적, 청각적 정보를 제공해 직관적이고 빠른 이해를 돕습니다. 복잡한 개념을 쉽게 전달하며 몰입감을 높이는 데 효과적입니다. 반면 텍스트는 문맥을 추론하게 해주며 논리적 사고를 요구합니다. 텍스트는 독자가 능동적으로 참여할 수 있게 해주며, 분석력과 깊이 있는 이해를 키우는 데 유리합니다. 두 매체의 강점을 결합하면 학습 효과를 극대화할 수 있습니다. 예를 들어, 영상으로 흥미를 유발하고 텍스트로 세부적인 내용을 심화 학습하면 효과적입니다.

영상과 텍스트, 함께 활용하면 더 좋은 이유

1. 영상으로 흥미를 끌고, 텍스트로 깊이 있게 배울 수 있다

영상은 복잡한 개념을 쉽게 전달하고 학생들의 관심을 끌기에 효과적입니다. 먼저 영상을 통해 흥미를 유도한 뒤, 텍스트를 활용해 심화 학습을 진행하면 개념 이해가 더욱 깊어집니다. 예를 들어, 역사 수업에서 어려운 개념이나 사건을 배우기 전에 관련 영상을 보여주면 학생들의 호기심을 자극할 수 있습니다. 이후 텍스트 학습으로 내용을 체계적으로 정리하면 학습 효과가 극대화됩니다.

2. 같은 내용을 영상과 텍스트로 비교해 볼 수 있다

학생들이 두 매체의 차이를 이해하도록 돕는 활동입니다. 동일한 주제를 다룬 텍스트와 영상을 제공한 뒤, 두 매체의 강점과 한계를 비교하도록 합니다. 예를 들어, 환경 오염을 주제로 다큐멘터리 영상을 보고, 관련 통계와 연구 결과가 담긴 텍스트를 읽게 합니다. 이후 "영상과 텍스트 중 어떤 매체가 환경 오염 문제를 더 효과적으로 전달했는가?"라는 질문을 통해 비판적으로 분석하도록 유도합니다. 이 과정에서 학생들은 영상이 감정을 자극하며 관심을 유도하지만, 텍스트가 더 구체적인 데이터를 제공한다는 점을 깨닫게 됩니다.

3. 함께 배우는 협력 학습으로 활용

영상과 텍스트를 활용해 팀별 협력 학습을 진행합니다. 예를 들어, 독립운동을 주제로 한 영상을 시청한 뒤 관련 텍스트를 읽고 "왜 독립운동이 중요했는가?"를 주제로 팀별 발표 자료를 준비하게 할 수 있습니다. 학생들은 팀 내에서 역할을 나누어 텍스트를 분석하거나 영상 내용을 요약하며 협력적으로 학습합니다. 발표 후에는 다른 팀의 자료와 비교하며 질문과 답변을 주고받는 활동을 통해 학습 내용을 확장할 수 있습니다.

디지털 시대, 교사는 어떤 역할을 해야 할까?

균형 잡힌 디지털 문해력을 키우기 위해 교사의 역할이 중요합니다. 교사는 학생들에게 각 매체의 장단점을 명확히 설명하고, 매체를 활용하기 전에 핵심 질문을 던져 능동적 사고를 유도해야 합니다.

예를 들어, 영상을 보기 전에 "이 영상에서 가장 중요한 메시지는 무엇일까?" 같은 질문을 던지거나, 텍스트를 읽기 전에 소제목을 통해 주요 내용을 예측하도록 지도할 수 있습니다. 학습 후에는 학생들이 서로 다양한 관점을 나누도록 토론 시간을 마련해야 합니다.

토론 중에는 학생들이 매체의 장단점을 비판적으로 평가하도록 유도합니다. 예를 들어, 한 팀이 "영상은 감정을 자극하지만, 세부 정보는 부족하다."라고 발표하면, 다른 팀은 "텍스트는 정보가 풍부하지만 몰입감이 약하다."라는 의견을 제시할 수 있습니다.

교사는 이 과정에서 질문을 통해 사고를 확장하고, 학생들이 서로의 관점을 존중하며 학습을 심화하도록 돕습니다. 또한, 학생들에게 구체적인 피드백을 제공해 학습 동기를 강화할 수 있습니다. 예를 들어, "이 질문은 영상의 핵심 메시지를 잘 이해했어요."

또는 "텍스트를 읽고 작성한 요약이 아주 명확해요." 같은 칭찬을 통해 학생들의 자신감을 높입니다. 디지털 문해력은 단순히 기술을 사용하는 능력에 그치지 않습니다. 학생들이 영상과 텍스트를 균형 있게 활용해 정보를 비판적으로 이해하고, 능동적으로 사고하며, 창의적으로 표현하는 능력을 기르는 것이 핵심입니다.

두 매체의 강점을 결합한 학습 전략은 학생들이 디지털 시대의 복잡한 정보 환경에서 비판적이고 창의적으로 성장할 수 있는 중요한 토대를 제공합니다.

7

읽기 피로를 줄이고
더 깊이 읽자

"엄마, 눈이 너무 아파요."

하루 4시간 이상 태블릿으로 공부하고 게임을 하던 초등학교 4학년 지훈이는 눈의 불편함을 호소하며 안과를 찾았습니다. 검사 결과는 근시 진단. 또 다른 11세 민지는 스마트폰으로 학습 앱을 사용하며 고개를 푹 숙인 자세로 공부하다 목과 어깨 통증으로 거북목 증후군이 심해졌습니다. 요즘 아이들에게 디지털 기기는 필수 학습 도구가 되었지만, 동시에 건강을 위협하는 요소가 되기도 합니다. 디지털 기기의 편리함은 분명하지만, 잘못된 사용 습관은 눈 건강, 집중력, 그리고 신체 균형에 부정적인 영향을 줄 수 있습니다.

디지털 학습의 숨겨진 문제점

디지털 화면에서 텍스트를 읽을 때 눈이 평소보다 더 집중해서 초점을 맞추어야 하므로 안구건조증과 눈의 피로가 증가합니다. 이는 화면 밝기, 텍스트 크기, 청색광 노출 등 환경적 요인의 영향을 크게 받습니다. 어린아이들은 눈 근육이 아직 발달 중이기 때문에 장시간 디지털 화면을 응시하면 더 큰 부담을 느낍니다.

한편, 디지털 기기의 알림과 팝업은 아이들의 집중력을 방해하는 또다른 문제입니다. 예를 들어, 초등학교 5학년 수연이는 교과서를 읽을 때는 쉽게 집중하지만, 전자책으로 같은 내용을 읽을 때는 주의가 산만해지고 내용을 제대로 기억하지 못했습니다. 화면에 알림이 나타나면 뇌는 이를 중요한 정보로 오인해 즉각 반응하려고 합니다.

이러한 반응은 뇌의 과도한 활성화를 유발해 아이들의 집중력을 떨어뜨릴 수 있습니다.

읽기 피로, 왜 생길까?

읽기 피로의 가장 큰 원인은 오랜 시간 화면을 바라보는 것입니다. 스마트폰, 태블릿, 컴퓨터 화면에서 나오는 강한 빛과 블루라이트는 눈을 쉽게 피로하게 만듭니다. 화면을 집중해서 보느라 눈을 깜빡이는 횟수가 줄어

들면, 눈이 건조해지고 뻑뻑해지는 증상이 나타납니다. 특히, 어두운 곳에서 화면을 보면 눈이 더 피로해지고, 시력이 나빠질 위험도 커집니다.

또한, 잘못된 자세로 화면을 오래 보면 건강에도 문제가 생깁니다. 고개를 앞으로 내미는 자세가 계속되면 목과 어깨에 부담이 쌓여 '거북목 증후군'이나 어깨 결림, 두통이 생길 수 있습니다. 특히, 책상에 엎드려 스마트폰을 보거나 바닥에 누워 태블릿을 보는 습관은 허리에 무리를 주고 척추 건강을 해칠 위험이 큽니다. 이처럼 디지털 기기를 이용한 읽기가 오래 지속되면 눈의 피로뿐만 아니라, 목과 허리의 통증, 집중력 저하로 이어질 수 있습니다. 따라서 아이들이 건강하게 디지털 기기를 사용할 수 있도록 적절한 휴식과 바른 자세를 유지하는 습관이 필요합니다.

눈과 뇌를 보호하는 읽기 피로 예방법

사용 시간 제한: 디지털 기기 사용 시간을 하루 2시간 이내로 제한해야 합니다. 하루 20분 사용 후 5~10분씩 쉬는 습관을 들이는 것이 좋습니다. 쉬는 동안 먼 곳을 바라보거나 가벼운 스트레칭을 하며 눈과 몸을 이완시킵니다.

20-20-20 규칙: 20분마다 20초 동안 약 6m 떨어진 곳을 바라보는 간단한 규칙으로 눈의 피로를 줄이고 건조증을 예방할 수 있습니다.

환경 조정: 화면 밝기를 주변 환경에 맞게 조정하고 블루라이트 차단 필터를 사용합니다. 텍스트 크기를 키우면 눈의 부담을 줄일 수 있습니다.

올바른 자세 유지: 화면을 눈높이에 맞추고, 허리를 똑바로 세우며, 화면을 눈에서 30~40cm 이상 떨어뜨려야 합니다. 학습 중간중간 목과 어깨를 풀어주는 스트레칭도 꼭 해보세요.

자연 속 활동: 디지털 기기 사용 후에는 자연 속에서 시간을 보내며 신체와 마음을 회복시키세요. 산책, 공원에서의 놀이, 운동은 디지털 기기 의존도를 줄이는 데 도움이 됩니다.

학습 방식 다양화: 놀이, 실험, 토론 등 다양한 학습 방법을 활용하면 디지털 학습의 단조로움을 줄이고 아이들의 흥미를 높일 수 있습니다.

건강한 디지털 학습 습관 만들기

디지털 기기는 아이들의 학습에 많은 가능성을 열어줍니다. 하지만 지나치게 오래 사용하거나 잘못된 방식으로 활용하면 건강과 학습 능력에 부정적인 영향을 줄 수 있습니다. 이를 예방하려면 작은 습관의 변화가 필요합니다. 학습과 휴식 간의 균형을 맞추고, 디지털 기기를 사용할 때 명확한 목적을 가지고 필요한 시간만 사용하도록 지도해야 합니다. 학습 후에는 가벼운 산책이나 스트레칭으로 눈과 몸을 쉬게 하고, 아이들이 디지털 기기를 창의적으로 활용할 수 있도록 도와줘야 합니다. 종이책 읽기, 가족과의 대화, 놀이 같은 비(非)디지털 활동은 정서적 안정감을 높이고, 건강한 학습 태도를 유지하는 데 큰 도움이 됩니다. 아이들이 건강한 디지털 학습 습관을 통해 더 나은 학습 경험을 쌓고, 스스로 성장할 수 있도록 부모와 교사가 함께 노력해야 합니다.

8

멀티태스킹의 한계, 집중력으로 돌파하라

우리는 왜 멀티태스킹을 당연하게 여기게 되었을까?

아침이 되자 스마트폰 알람이 울렸습니다. 알람을 끄려고 화면을 열었더니 같은 반 친구들이 보낸 카톡 메시지가 몇 개 떠 있었습니다. "어? 어제 '로블록스'에서 얘기한 이벤트가 뭐였지?" 하고 눌러보니 친구가 새로 나온 '닌자 어드벤처' 캐릭터 뽑기 영상을 보냈습니다.

"우와, 이 캐릭터 대박!" 하며 영상을 보며 답장을 하다 보니 날씨 알림이 뜹니다. "오늘 학교 가는데 비가 오나?" 하며 네이버 날씨 앱을 열었는데, 화면 아래에 '쿠팡'에서 게임 아이템 할인 광고가 눈에 띕니다. "오, 이거 사야지!" 하며 클릭해 결제까지 하다 보니 시간이 훌쩍 지나버렸습니다. "헉! 학교 늦겠다!" 그런데 날씨는 확인했는지 기억이 안 납니다.

학교 가는 길에서도 스마트폰은 손에서 떨어지지 않습니다. 유튜브에서

'겜브링' 채널의 '마인크래프트' 공략 영상을 보며 걷습니다. "이거 나도 해 봐야지!" 하며 영상을 보고 있는데, 친구가 보낸 새 메시지가 도착합니다.

"어제 수학 숙제 했어?"라는 질문에 답하려고 카톡을 열었는데, 그 와중에 다른 친구가 보낸 틱톡 알림이 떠서 눌러봅니다. 결국 학교에 도착할 때까지 숙제 얘기에 제대로 답하지 못했고, 공략 영상도 끝까지 보지 못했습니다.

틱톡에서 본 춤 영상 내용만 어렴풋이 남아 있습니다. 점심시간 급식실에서도 스마트폰은 끊임없이 작동합니다. 한쪽에서는 친구가 스마트폰으로 '피파 모바일'을 하고 있고, 다른 친구는 틱톡에서 유행하는 '뱅뱅뱅 댄스'를 보여줍니다. 나도 자연스럽게 스마트폰을 켜고 인스타그램에서 '먹방소녀' 계정의 맛집 사진을 확인합니다. "오, 이거 우리 집 근처 아닌가?" 하며 사진을 보고 있는데, 친구가 "야, 너 '포트나이트' 업데이트 봤어?" 하며 소식을 전해줍니다.

급식 시간 내내 여기저기 시선이 분산된 채 밥을 먹고, 정작 무슨 얘기를 했는지 잘 기억이 안 납니다. 집에 와서 숙제를 하려는데 또 스마트폰이 울립니다. "어? 친구가 보낸 동영상이네?" 하며 '말랑이 리뷰' 동영상을 재생해 보다가, 숙제 앱을 열려고 했던 걸 잊고 틱톡에서 다른 영상들을 보고 있습니다. 그 사이 부모님이 "숙제했어?"라고 물으시지만, "곧 할게요!" 하고 대충 얼버무립니다.

저녁을 먹으면서도 가족들과 대화하기보다는 스마트폰으로 '배틀그라

운드' 하이라이트 영상을 보고, 한 손은 스마트폰을, 다른 손은 수저를 쥔 채 시간을 보냅니다.

이렇게 하루가 지나고 나면 머릿속에는 이것저것 스쳐 지나간 정보들 뿐입니다. 하루 종일 바쁘게 보냈다고 느껴지지만, 정작 중요한 걸 놓친 경우가 많습니다. 이런 날들이 반복되면서 지치기만 하고 성과는 없는 기분만 남게 됩니다.

멀티태스킹이 우리 뇌에 미치는 영향

멀티태스킹(Multitasking)이란 한 번에 두 가지 이상의 작업을 동시에 수행하는 행동을 뜻합니다. 그러나 인간의 뇌는 여러 작업을 완벽히 동시에 처리하지 못합니다. 실제로는 한 작업에서 다른 작업으로 빠르게 전환(Switching)하며 이를 멀티태스킹처럼 느끼게 할 뿐입니다.

이 과정에서 뇌는 과도하게 에너지를 사용하며 피로가 누적됩니다. 특히 스마트폰처럼 알림이 잦은 기기를 사용할 때 멀티태스킹이 빈번해집니다. 스트레스 호르몬인 코르티솔이 많이 분비되어 집중력을 방해하고, 뇌의 기억력과 작업 수행 능력을 약화시킵니다. 미국 스탠포드 대의 연구에 따르면, 멀티태스킹은 쓸데없는 정보를 걸러내는 능력을 저하시킵니다. 또한 일시적으로 중단된 작업에 다시 몰입하는 데 평균 23분이 소요된다고 합니다.[18]

멀티태스킹이 문해력을 저하시킨다

서울에 사는 초등학교 5학년 민지는 태블릿으로 온라인 수업을 듣습니다. 그러나 수업 중 "특별 이벤트가 시작되었습니다!"라는 알림이 뜨면 잠깐 확인하러 게임에 접속합니다. 이 몇 분 사이, 선생님이 설명한 중요한 내용을 놓치게 됩니다. 숙제를 할 때도 자료를 다시 확인해야 하며, 시간은 두 배로 걸리고 내용 이해도는 낮아집니다.

경기도에 사는 초등학교 4학년 지훈이는 독서 과제를 하던 중 스마트폰 알림에 반응해 댓글을 다느라 읽던 내용을 잊어버립니다. 과제를 다시 시작하려 해도 글의 흐름을 이해하지 못하고, 대충 답을 작성해 제출합니다. 초등학교 교실에서 흔하게 볼 수 있는 장면입니다. 문제는 이런 반복적인 행동이 아이들의 문해력을 저하시킨다는 점입니다. 글의 핵심을 파악하거나 맥락을 이해하지 못하게 되고, 정보를 체계적으로 연결하는 능력도 약화됩니다.

집중력을 높이기 위한 실천 방법

디지털 기기 사용 시간을 줄이기

스마트폰, 태블릿, 컴퓨터 등 디지털 기기의 사용 시간을 정해두는 것이 중요합니다. 예를 들어, 숙제 시간에는 스마트폰을 책상 밖에 두거나 비행기 모드로 설정해 방해 요소를 없앨 수 있습니다. 처음부터 완벽하게 제한하기보다는 "숙제 끝난 후 30분 사용하기" 같은 규칙을 정해 실천 가능하도록 합니다.

학습과 놀이 시간을 명확히 구분하기

숙제와 놀이 시간을 명확히 구분하는 것도 효과적입니다. 공부를 할 때는 유튜브나 틱톡을 꺼두고 필요한 자료만 준비하게 합니다. 놀이 시간에는 마음껏 즐기되, 학습 시간으로 전환할 때는 자연스럽게 집중할 수 있도록 유도합니다. "20분 집중, 5분 휴식" 같은 방법도 유용합니다.

불필요한 알림을 끄고 집중 환경 만들기

스마트폰의 "방해 금지 모드"를 활성화해 학습 중 방해 요소를 최소화합니다. 알림이 없는 환경에서 공부하면 집중력을 더 오래 유지할 수 있습니다. 학습 앱만 실행되도록 설정해 불필요한 작업 전환을 줄이는 것도 방법입니다.

멀티태스킹의 유혹에서 벗어나기 위한 작은 습관

중요한 것은 아이들이 한 가지 일에 집중할 수 있는 환경을 만들어주는 것입니다. 디지털 기기를 무조건 사용하지 못하게 하기보다는, 올바르게 활용하면서도 집중력을 유지할 수 있도록 돕는 것이 현실적인 해결책입니다.

공부할 때는 스마트폰을 책상에서 치워두거나, 알림을 꺼서 방해 요소를 줄이는 습관을 들일 수 있습니다. 또한, 하루 중 정해진 시간에만 디지털 기기를 사용하도록 규칙을 정하면, 학습과 휴식의 균형을 맞출 수 있습니다. 공부가 끝난 후 30분 동안 자유롭게 스마트폰을 사용하도록 하면, 아이들이 집중력을 유지하면서도 디지털 기기를 적절히 활용하는 방법을 배울 수 있습니다. 이런 작은 변화부터 시작해, 아이들과 함께 실천하며 점진적으로 습관을 만들어 가는 것이 중요합니다.

9

문해력의 격차를
줄이기 위해 실천하자

디지털 문해력 격차, 누구에게나 동일한 기회가 있다

디지털 도구를 자유롭게 사용하는 아이는 스마트폰이나 컴퓨터를 이용해 원하는 정보를 빠르게 찾습니다. 예를 들어, "우리 동네 역사적 장소 조사"라는 과제가 나오면, 박물관 홈페이지에서 해당 장소의 유래를 확인하고, 신문 기사에서 관련 사건을 찾아 정리합니다. 위키백과를 참고해 배경 정보를 보완하고, 온라인 지도에서 위치를 표시한 뒤, 그 장소의 과거와 현재 모습을 비교하는 사진과 영상을 첨부해 과제를 더욱 풍부하게 만듭니다.

덕분에 자료의 양도 많고, 시각적으로 정리된 깔끔한 보고서를 완성할 수 있습니다. 반면, 디지털 도구를 자유롭게 활용하지 못하는 아이는 정보를 찾는 방법이 제한적입니다. 부모님이나 선생님께 물어보거나, 도서관에서 관련 책을 찾아보지만 필요한 내용을 한 번에 찾기가 어렵고, 최신 자료를 얻는 데 한계가 있습니다. 인터넷에서 몇 분 만에 해결할 수 있는 정보를 직접 발로 뛰며 찾아야 하다 보니 시간이 오래 걸리고, 과제 내용도 디지털을 활용한 친구들보다 간결해질 수밖에 없습니다.

결국 같은 주제의 과제라도 디지털 도구를 활용할 수 있는 아이와 그렇지 못한 아이 사이에 정보 수집과 정리 능력, 과제의 완성도에서 큰 차이가 생깁니다. 단순한 숙제 차이가 아니라 앞으로는 학습 능력과 문제 해결 방식에도 큰 영향을 미칩니다.

요즘 아이들은 태어날 때부터 디지털 기기와 함께 자랍니다. 학교에서는 태블릿이나 컴퓨터로 수업을 듣고, 숙제도 학급 채팅방에서 주고받습니다. 급식 안내부터 공지 사항까지 모든 것이 스마트폰 알림으로 전송됩니다. 이제는 디지털 기기를 잘 다루는 것뿐만 아니라, 인터넷에서 필요한 정보를 찾고, 안전하게 사용하는 방법까지 익히는 것이 당연한 시대가 됐습니다.

하지만 아이들마다 디지털 환경은 매우 다릅니다. 어떤 아이는 좋은 태블릿을 사용하면서 선생님이 추천한 학습 앱을 마음껏 활용할 수 있습니다. 하지만 다른 아이는 집에서 스마트폰 하나로 겨우 수업을 듣고 숙제를 해야 합니다. 게다가 인터넷이 자주 끊겨 숙제를 제대로 끝내지 못하는 경우도 있습니다.

이런 차이는 디지털 문해력 격차로 이어지고, 아이들에게 불편함을 넘어 학습 기회의 차별까지 초래합니다. 디지털 기기가 잘 갖춰진 아이들은 다양한 학습 기회를 누리는 반면, 그렇지 못한 아이들은 필수적인 수업조차 제대로 따라가기 어려운 상황에 놓입니다.

왜 사람마다 디지털 문해력에 차이가 날까?

경제적 환경이 미치는 영향

최근 한 연구에 따르면 초등학생들의 디지털 격차는 부모의 경제력과 학력에 따라 크게 나타납니다. 최근 유네스코에 실시한 보고서에 따르면 부모의 사회경제적 지위가 높을수록 자녀의 디지털 기기 보유와 소프트웨어 활용 능력이 우수하다고 밝혀졌습니다.[19] 여유 있는 가정에서는 최신 태블릿이나 노트북, 빠른 인터넷 환경을 제공할 수 있지만, 경제적으로 어려운 가정은 중고 기기나 공공 와이파이에 의존할 수밖에 없습니다. 이러한 환경 차이가 디지털 학습의 기회 격차로 이어지는 것입니다.

세대 간 디지털 이해도 차이

부모와 아이 간 디지털 기술 사용 능력의 차이도 격차의 원인 중 하나입니다. 부모는 이메일을 보내거나 인터넷 검색은 능숙하게 할 수 있지만, 온라인 학습 앱이나 SNS 사용에는 익숙하지 않을 수 있습니다. 반면, 아이들은 스마트폰과 태블릿을 자연스럽게 다룰 줄 알지만, 인터넷의 위험성을 인지하거나 정보를 비판적으로 검토하는 능력은 부족합니다. 이런 세대 간의 차이는 아이들의 디지털 학습을 제대로 지원하지 못하게 만드는 요인이 됩니다.

디지털 문해력 격차가 가져오는 문제점

디지털 격차는 단지 공부의 문제에 그치지 않습니다. 정보 활용 능력이나 인터넷 사용 능력의 차이는 아이들이 자신의 미래를 준비하는 데에도 영향을 미칩니다. 예를 들어, 경제적 여유가 있는 아이들은 다양한 학습 앱을 통해 풍부한 학습 경험을 쌓을 수 있습니다. 반면, 기기와 인터넷 접근성이 부족한 아이들은 필수적인 학습조차 제대로 수행하지 못해 학습 성취도가 낮아집니다. 한국교육개발원 2022년에 발표한 연구[20]에서도 이 같은 차이가 확인되었습니다. 중위권 이하 학생들의 학력 저하가 두드러지게 나타났으며, 이는 디지털 기기 접근성과 학습 환경 차이가 학업 성과에 영향을 미친다는 점을 보여줍니다. 이 격차는 시간이 지날수록 더 벌어질 위험이 있습니다.

모두가 디지털 문해력을 갖추기 위한 해결책

경제적 지원 확대

가정의 경제적 여건에 따라 디지털 기기와 인터넷 접근성이 달라지는 문제를 해결하기 위해, 디지털 교육 바우처와 같은 지원 정책이 필요합니다. 태블릿이나 노트북을 저렴하게 구입하거나 무료로 대여해주는 프로그램을 통해 기기 보급을 확대해야 합니다. 또한, 소득에 맞는 인터넷 요금 지원도 함께 이루어져야 합니다. 안정적인 인터넷 연결은 디지털 학습에서 필수 요소이기 때문입니다.

공공 디지털 학습 공간 마련하기

학교와 지역 사회는 공공 디지털 학습 공간을 조성해 아이들에게 안정적인 학습 환경을 제공할 수 있습니다. 예를 들어, 도서관이나 주민센터에 디지털 학습 기기를 비치하고, 공공 와이파이를 확대하면 집에서 환경이 부족한 아이들도 공평한 학습 기회를 가질 수 있습니다. 이동식 디지털 학습 센터를 도입해 인터넷 접근성이 낮은 지역에서도 학습을 지원할 수 있습니다.

부모도 함께 배우는 교육 프로그램 운영

부모가 디지털 환경에 익숙해지도록 돕는 프로그램도 필요합니다. 부모는 기본적인 학습 앱 설치 및 설정 방법, 스마트폰 사용 시간 관리, 부적절한 콘텐츠 차단 등의 기술을 익혀야 합니다. 예를 들어, 구글 패밀리 링크나 애플 스크린 타임 같은 앱을 활용하면 자녀의 디지털 기기 사용을 효과적으로 관리할 수 있습니다. 이런 프로그램을 통해 부모가 자녀의 디지털 학습을 적극적으로 지원할 수 있는 기반을 마련해야 합니다.

정보 활용 능력을 키우는 실천적인 교육

아이들에게 단순히 디지털 기기를 다루는 능력만 가르치는 것으로는 부족합니다. 인터넷에서 정보를 안전하게 활용하고, 비판적으로 사고하며, 올바른 디지털 습관을 형성하도록 돕는 교육이 필요합니다. 학교에서는 디지털 리터러시(literacy) 수업을 통해 아이들이 온라인에서 접하는 정보를 효과적으로 이해하고 활용하는 방법을 가르쳐야 합니다.

디지털 세대, 함께 성장하는 문해력이 필요하다

디지털 격차를 줄이는 일은 단순히 "태블릿을 나눠주자" 같은 단기적인 해결책으로는 부족합니다. 경제적 지원, 학습 공간 제공, 부모 교육, 정보 활용 능력 교육까지 종합적인 노력이 필요합니다. 이러한 변화는 우리 주변의 작은 실천에서 시작될 수 있습니다. 부모와 아이가 함께 디지털 기술을 배우며 새로운 도전을 시도하는 것도 좋은 방법입니다.

예를 들어, 유익한 앱을 함께 찾아보거나 가족 프로젝트를 통해 디지털 기술을 활용하는 활동은 긍정적인 경험을 늘리는 데 도움이 됩니다. 지역 사회에서도 공공 와이파이와 디지털 학습 공간을 활용하면 누구나 공평하게 디지털 세계에서 성장할 수 있습니다.

디지털 문해력 격차는 단지 기술의 문제가 아닙니다. 이것은 아이들의 미래를 위한 중요한 문제입니다. 부모와 지역 사회, 학교가 함께 노력한다면 누구나 공평한 디지털 학습 환경에서 성장할 수 있습니다.

10

디지털 시대에도
책을 꾸준히 읽자

"오늘은 태블릿으로 볼까? 아니면 도서관에서 빌린 책을 읽을까?"

4학년 민서의 하루는 독서로 시작됩니다. 아침 식사를 마친 민서는 동네 도서관에서 빌린 동화책을 꺼내 들고 주인공의 모험에 빠져듭니다. 삽화를 보며 상상하는 이 시간은 민서에게 가장 소중한 순간입니다. 점심시간에는 운동장 한쪽에 앉아 이어폰을 끼고 오디오북을 듣습니다. 태블릿에서 신화 속 영웅의 이야기를 들으며 메모 앱에 흥미로운 장면을 기록합니다. 저녁이 되면 민서는 아침에 읽었던 종이책과 태블릿에서 읽은 내용을 비교하며 독서 노트를 작성합니다.

디지털과 종이책의 조화가 민서에게 독서의 즐거움과 배움의 깊이를 동시에 선사합니다. 민서의 사례는 오늘날 아이들이 디지털 환경과 전통적인 독서 방식을 어떻게 활용하는지를 보여줍니다. 디지털 기기는 정보를 빠르게 탐색하고 학습을 돕는 반면, 종이책은 깊이 있는 사고와 몰입의 기회를 제공합니다. 두 방식을 적절히 조화시키는 것은 독서 습관을 더욱 풍성하게 만드는 열쇠입니다.

디지털 시대, 새로운 독서의 가능성

디지털 기기를 통해 책을 읽는 것은 아이들에게 많은 이점을 제공합니다. 태블릿이나 전자책 리더기는 언제 어디서나 원하는 책을 읽을 수 있는 자유를 주고, 움직이는 삽화나 오디오북 같은 새로운 형태의 콘텐츠는 독서에 흥미를 더해줍니다.

특히 디지털 독서는 정보 탐색과 학습의 효율성을 크게 높입니다. 태블릿에서 특정 단어를 검색하거나 하이라이트를 저장해 나중에 다시 볼 수 있는 기능은 아이들이 스스로 학습하는 데 도움을 줍니다. 예를 들어, 민서가 태블릿에서 신화 이야기를 듣고 메모를 기록하듯, 디지털 독서는 아이들에게 자기 주도 학습의 도구가 됩니다. 하지만 디지털 독서의 편리함 뒤에는 주의 산만이라는 문제가 따라옵니다. 알림, 메시지, 소셜 미디어 등은 독서 중 집중력을 방해하고, 디지털 텍스트를 스크롤하며 읽는 방식은 글의 구조를 파악하거나 깊이 이해하는 데 어려움을 줄 수 있습니다. 따라서 디지털 독서를 효과적으로 활용하려면 이를 보완할 방법이 필요합니다.

종이책, 깊이 있는 몰입을 가능하게 하다

종이책은 아이들에게 디지털 독서와는 또 다른 깊이 있는 경험을 선사합니다. 책장을 넘기며 삽화를 찬찬히 들여다보는 과정은 아이들이 이야기 속에 몰입하고, 더 오래 집중할 수 있도록 돕습니다. 이와 관련해, 스페인 발렌시아대학교의 리디아 알타무라 연구팀은 2000년부터 2022년까지 디지털 독서와 종이책 독서가 독해력에 미치는 영향을 비교한 연구들을 분석했습니다.[21]

이 연구는 30개국, 47만 명이 참여한 25편의 연구 결과를 바탕으로 진행되었으며, 어떤 방식의 독서가 독해력 향상에 더 효과적인지를 살펴보았습니다. 그 결과, 종이책 독서는 디지털 독서보다 독해력 향상에 훨씬 더 큰 효과가 있는 것으로 나타났습니다.

특히, 초등학생과 중학생의 경우, 디지털 독서는 오히려 독해력에 부정적인 영향을 미치는 경향이 있었습니다. 반면, 고등학생과 대학생은 디지털 독서와 독해력 사이에 약간의 긍정적 연관성이 있었지만, 그 효과는 매우 미미한 수준이었습니다. 연구팀은 종이책 독서가 디지털 독서보다 독해력을 6~8배 더 효과적으로 향상시킨다고 결론지었습니다. 이유는 간단합니다. 디지털 기기로 읽을 때는 정보 처리가 빠르게 이루어지지만, 깊이 있는 이해와 숙고 과정이 부족할 가능성이 크기 때문입니다.

특히 어린 학생들에게는 종이책을 통한 독서가 더 깊이 있는 사고와 독해력 발달에 긍정적인 영향을 준다는 점을 시사합니다. 천천히 읽고, 생각하고, 상상할 수 있는 기회를 주는 것, 그것이 바로 종이책의 힘입니다.

우리나라 한림대학교 미디어스쿨 최영재 교수도 이와 비슷한 의견을 제시했습니다. 그는 "책을 읽는다는 것은 깊은 독서를 통해 성찰하는 과정이라며, 같은 텍스트라도 종이책과 전자책으로 읽을 때 뇌가 받아들이는 방식이 다르기 때문에, 전자책은 깊이 있는 독서를 하기 어려울 수 있다."[22]라고 설명합니다. 이는 앞서 민서가 종이책과 디지털 콘텐츠를 비교하며 독서 노트를 작성한 것과도 연결됩니다. 종이책은 아이들에게 정보를 깊이 이해하고, 자신의 생각을 정리하며 표현하는 기회를 제공합니다.

이러한 과정은 창의력과 사고력을 키우는 데 중요한 역할을 합니다. 즉, 단순히 정보를 빠르게 소비하는 디지털 독서와 달리, 종이책을 통한 독서는 더 깊은 이해와 사고를 유도합니다. 아이들이 책을 읽으며 생각을 정리하고 표현하는 경험을 쌓을수록, 독서는 단순한 지식 습득을 넘어 창의적 사고와 문제 해결 능력을 키우는 중요한 도구가 될 수 있습니다.

디지털과 종이책, 조화를 이루는 독서 습관 만들기

디지털 독서와 종이책 독서를 병행하면서 두 방식의 장점을 극대화하려면 몇 가지 실천이 필요합니다.

책을 읽는 목적에 따라 독서 방식을 선택하자

디지털 독서는 빠르게 정보를 검색하거나 학습 자료를 확인할 때 유용합니다. 예를 들어, 뉴스나 연구 자료, 실용적인 정보를 얻는 데 적합합니다. 반면, 종이책은 소설, 역사, 철학과 같이 깊이 있는 사고가 필요한 주제를 읽는 데 적합합니다. 이러한 구분은 독서 효율을 높이는 데 도움을 줍니다.

꾸준한 독서를 위한 나만의 루틴 만들기

독서 습관을 꾸준히 유지하려면 일정한 루틴을 설정하는 것이 중요합니다. 아침에는 종이책으로 몰입 독서를 하고, 이동 시간에는 디지털 독서를 활용하는 식으로 시간을 나눌 수 있습니다. 매달 디지털과 종이책 각각 몇 권을 읽겠다는 목표를 세우고, 목표를 달성하면 독서와 관련된 보상을 제공해 동기를 높이는 것도 좋습니다.

환경을 최적화하기

독서 환경을 정리하는 것도 필수적입니다. 종이책 전용 공간을 만들어 방해받지 않고 책을 읽을 수 있도록 하고, 디지털 독서를 할 때는 알림을 끄거나 집중 모드를 활성화해 주의가 산만해지는 것을 방지합니다. 전자책 리더기처럼 눈의 피로를 줄이는 기기를 활용하면 독서에 더 오래 집중할 수 있습니다.

집중력을 높이는 독서 환경 최적화하기

디지털 환경이 아이들에게 제공하는 가능성은 무궁무진하지만, 그 이면에는 집중력 저하나 정보의 피상적 이해와 같은 한계도 존재합니다. 종이책은 디지털 독서를 보완하며 아이들에게 깊이 있는 사고와 몰입의 기회를 제공합니다. 두 가지 방식을 조화롭게 활용하면 디지털의 효율성과 종이책의 몰입을 동시에 누릴 수 있습니다.

민서처럼 디지털과 종이책을 함께 활용해 독서를 즐기는 아이들은 자신의 생각을 확장하고 창의적인 성장을 이룰 수 있습니다. 부모와 교사들은 이러한 환경을 지원하고 아이들이 독서를 통해 더 나은 미래를 준비할 수 있도록 돕는 역할을 해야 합니다. 작은 실천에서 시작한 독서 습관이 아이들에게 큰 변화를 가져올 수 있습니다.

PART 4

알고리즘을 이기는 10가지 스마트 도구들

디지털 시대에는 문해력을 키우는 방법도 다양해져야 합니다. 책 뿐만 아니라 전자책 리더기, AI 학습 도구, 온라인 토론 플랫폼 등 디지털 도구를 활용해 읽고 쓰며 사고력을 길러야 합니다. 데이터 시각화 도구로 숫자 속 흐름을 파악하고, 검색 엔진 필터링을 통해 정확한 정보를 찾는 능력도 중요합니다.

이번 장에서는 문해력을 키우는 10가지 스마트 도구와 디지털 환경을 효과적으로 활용하는 방법을 살펴봅니다.

전자책 리더기

- 더 많이, 더 편리하게 읽자

독서교육통합플랫폼 '독서로'

초등학교 4학년인 지후는 책을 읽고 독후감을 쓰는 것이 평소 어렵게 느껴졌습니다. 하지만 최근 선생님이 추천해 주신 '독서로'를 사용하면서 독서가 즐거워졌습니다.

'독서로'는 인공지능(AI)과 빅데이터 분석을 활용하여 개인 맞춤형 독서 정보를 제공하고, 다양한 독서 활동을 지원하는 디지털 기반의 종합 독서교육 플랫폼입니다. 지후는 이곳에서 '내 취향 독서 찾기' 기능을 활용해 보았습니다. 화면에 나오는 6가지 질문에 답하자, 인공지능이 자신의 관심사에 맞는 책을 추천해 주었습니다. 그 추천 목록에서 『마법 열쇠를 찾아서』라는 책을 발견하고, 학교 도서관에서 대출해 읽기 시작했습니다.

책을 다 읽은 후, 지후는 독후 활동을 진행하기로 했습니다. 기존의 글쓰기 방식이 부담스러웠던 지후는 독서로에서 제공하는 다양한 독후활동 방법 중 하나를 선택했습니다. 주인공이 마법 열쇠를 찾는 장면을 그림으로 그려 스마트폰으로 찍어 업로드하고, 간단한 설명도 덧붙였습니다.

지후가 올린 그림을 본 선생님은 "중요한 장면을 잘 표현했어요! 다음에는 짧은 문장도 추가해 보면 어떨까요?"라며 피드백을 주셨습니다. 친구들도 댓글을 달아 주며 서로 책 이야기를 나눌 수 있었습니다.

이후 지후는 책을 읽을 때마다 '독서로'에 기록하는 습관을 들이게 되었고, 읽은 책 목록이 쌓이는 것을 보며 뿌듯함을 느꼈습니다. 독서로 마이페이지에서 자신의 독서 이력을 확인할 수 있어 전학을 가더라도 독서 습관을 꾸준히 이어갈 수 있습니다.

요즘 디지털 기기에 익숙한 아이들을 보며 부모님들은 "우리 아이가 독서에 흥미를 잃지 않을까?"라는 걱정을 합니다. 하지만 디지털 기기의 활용은 오히려 아이들에게 새로운 독서 습관을 심어줄 수 있는 좋은 기회가 될 수 있습니다. '독서로'와 같은 디지털 독서 플랫폼은 단순히 전자책을 제공하는 것을 넘어, 아이들이 독서를 즐기고 학습 능력을 키울 수 있는 환경을 제공합니다.

전자책과 오디오북, 어떻게 활용할까?

디지털 독서 플랫폼은 스마트폰, 태블릿, 또는 컴퓨터를 통해 전자책을 읽거나 독서 활동을 할 수 있는 앱이나 웹사이트를 말합니다. 예를 들어, 리디북스 키즈나 밀리의 서재 키즈는 아이들의 읽기 수준과 흥미에 맞춘 책을 추천해 줍니다. 또한, 학교에서 활용하는 독서 교육 종합 지원 시스템이나 경기 교육 전자도서관과 같은 플랫폼은 학습과 독서를 결합해 교과와 연계된 독서 활동을 제공합니다. 이러한 플랫폼들은 아이들이 쉽고 재미있게 독서에 접근하도록 돕습니다. 맞춤형 추천 기능은 아이들이 스스로 흥미를 느낄 만한 책을 선택하도록 유도하며, 다양한 독후 활동을 통해 독서 경험을 풍부하게 만듭니다.

학교와 집에서 디지털 독서를 즐기는 법

경기도의 한 초등학교에서는 스쿨북스를 활용해 사회 교과와 연계된 독서 활동을 진행했습니다. 학생들은 '독립운동' 단원과 관련된 전자책을 읽고, 플랫폼에 포함된 독후 퀴즈와 글쓰기를 통해 교과서에서 짧게 다뤘던 내용을 더 깊이 이해할 수 있었습니다.

또 다른 사례로, 서울 남산도서관은 아이윙TV라는 AI 기반 독서 플랫폼을 도입했습니다. 고양이 로봇이 책을 읽어주고, 중간중간 흥미로운 질문을 던지며 아이들의 상호작용을 유도했습니다. 이 과정에서 아이들은 책의 내용을 몰입해서 이해하고, 비판적 사고와 추론 능력을 키웠습니다.

가정에서도 디지털 독서 플랫폼은 유용하게 활용됩니다. 초등학교 3학년 재영이는 책 읽기를 어려워했지만, 부모님이 밀리의 서재 키즈를 통해 공룡 관련 전자책을 추천해주면서 흥미를 갖기 시작했습니다. 책을 다 읽을 때마다 배지를 받는 시스템은 마치 게임처럼 독서를 즐길 수 있도록 동기를 부여했습니다. 부모님과 함께 독후 퀴즈를 풀며 대화를 나누는 과정은 독서에 대한 긍정적인 경험으로 이어졌습니다.

디지털 독서가 주는 새로운 기회

디지털 독서 플랫폼의 가장 큰 장점은 접근성과 흥미입니다. 태블릿 하나로 수십 권의 책을 휴대할 수 있어 언제 어디서나 독서가 가능합니다. 또한, 이미지, 동영상, 오디오 같은 멀티미디어 기능은 책의 내용을 더 생동감 있게 이해할 수 있도록 돕습니다.

예를 들어, 동화책 속 등장인물의 목소리나 배경음악은 아이들이 이야기 속으로 깊이 몰입하게 만듭니다. 플랫폼은 또한 아이들의 독서 습관을 체계적으로 관리할 수 있는 기능을 제공합니다. 독서 시간을 기록하거나 읽은 책을 저장해 성취감을 느끼도록 하고, 개별 맞춤형 추천 시스템으로 아이들의 관심사에 맞는 책을 제안합니다. 이러한 기능은 아이들이 책 읽는 즐거움을 깨닫고 꾸준히 독서를 이어가도록 돕습니다.

디지털 책, 제대로 활용하는 법

디지털 독서 플랫폼을 처음 사용할 때는 부모님이 함께 시작하는 것이 중요합니다. 아이가 흥미를 느끼는 주제의 책을 골라 읽게 하고, 내용을 함께 이야기하며 대화를 이어갑니다. 예를 들어, 공룡을 좋아하는 아이에게는 공룡 이야기를 담은 책을 추천하고, 책 내용을 바탕으로 공룡에 대한 재미있는 질문을 던질 수 있습니다.

또한, 독서 목표를 설정하면 아이들의 성취감을 키울 수 있습니다. 하루에 10페이지 읽기, 일주일에 한 권 완독하기 등 현실적인 목표를 설정하고 이를 달성했을 때 칭찬이나 작은 보상이 동기 부여가 될 수 있습니다. 플랫폼의 게임 요소를 활용해 읽은 내용에 대해 퀴즈를 풀거나, 독후 후기를 작성하도록 격려하는 것도 좋은 방법입니다. 이러한 활동은 아이들의 글쓰기 능력과 표현력을 키우는 데도 효과적입니다.

책 읽기에 즐거움을 주는 독서 플랫폼

디지털 독서 플랫폼은 단순히 종이책을 전자책으로 바꾼 것이 아닙니다. 이 도구는 책 읽기가 어려운 아이들도 쉽게 독서에 접근할 수 있도록 도와주고, 다양한 기능을 통해 흥미를 유도하며 독서 습관을 형성하는 데 도움을 줍니다.

특히, 읽는 것을 어려워하는 아이들에게 디지털 독서는 좋은 해결책이 될 수 있습니다. 화면에서 글씨 크기를 조절할 수도 있고, 오디오북 기능을 활용해 듣기와 함께 읽을 수도 있습니다. 어떤 플랫폼에서는 퀴즈나 게임 요소를 추가해 아이들이 책을 더 재미있게 접할 수 있도록 돕기도 합니다.

가정과 학교에서 이런 디지털 도구를 적절히 활용하면, 독서는 더 이상 해야만 하는 숙제가 아니라 즐거운 경험이 됩니다. 부모님과 교사가 함께 관심을 가지고, 아이들이 책을 읽을 때 격려해 준다면, 디지털 독서 플랫폼은 아이들의 학습 능력을 키우고, 독서에 대한 긍정적인 태도를 길러주는 도구가 될 수 있습니다.

$$\boxed{2}$$

데이터 시각화 도구

– 숫자 속에서 흐름을 읽자

데이터를 활용한 민재의 수학 숙제

초등학교 5학년인 민재는 최근 수학 수업에서 데이터를 읽고 해석하는 방법을 배웠습니다. 선생님은 학생들에게 지역 사회의 날씨 데이터를 조사해 보라고 과제를 주었습니다. 민재는 자신의 동네에서 일주일 동안 매일 기온을 기록하기로 했습니다.

그는 매일 아침과 저녁의 기온을 측정하여 차트를 만들었습니다. 차트를 통해 일주일 동안의 기온 변화를 한눈에 볼 수 있었고, 가장 더운 날과 가장 추운 날도 쉽게 확인할 수 있었습니다. 민재는 차트를 분석하며 "가장 더운 날은 수요일이고, 그 날 기온이 30도까지 올라갔어. 반면에 토요일은 18도였지."라고 친구들에게 설명했습니다.

이후 민재는 기온 변화에 따른 활동 제안도 하기로 했습니다. 그는

"수요일처럼 더운 날에는 물놀이를 하거나 시원한 음료를 마시는 게 좋겠고, 토요일 같은 날에는 집에서 책을 읽는 게 괜찮을 것 같아."라고 의견을 나누었습니다.

이렇게 민재는 데이터를 수집하고 해석하여 자신과 친구들이 더 나은 결정을 내릴 수 있도록 도왔습니다. 수업을 마친 후, 선생님은 민재의 차트를 칭찬하며 "데이터를 통해 정보를 이해하고 활용하는 능력이 중요해. 앞으로도 이렇게 데이터를 잘 활용해 보렴."이라고 격려해 주었습니다.

이러한 경험을 통해 민재는 데이터를 읽고 해석하는 것이 단순한 숫자가 아니라, 실제 생활에 적용할 수 있는 중요한 능력임을 깨닫게 되었습니다. 데이터는 문제를 해결하고 더 나은 선택을 할 수 있도록 도와주는 도구가 될 수 있습니다.

데이터는 단순히 숫자나 차트로 표현되는 정보가 아닙니다. 그것은 우리가 문제를 해결하고 세상을 이해하는 데 필요한 중요한 도구입니다. 특히, 데이터를 읽고 해석하는 능력은 아이들이 살아갈 미래에 필수 역량 중 하나로 꼽힙니다. 그렇다면 데이터 시각화와 해석 능력은 무엇이며, 왜 아이들에게 중요한 걸까요?

데이터를 그림으로 보면 더 쉽게 이해될까?

데이터 시각화는 복잡한 데이터를 그래프나 차트 같은 시각적인 형태로 표현해 이해하기 쉽게 만드는 과정입니다. 예를 들어, "우리 가족의 한 달 물 소비량"을 숫자로만 본다면 이해하기 어렵습니다. 하지만 이를 막대그래프로 표현하면 각 달의 사용량을 직관적으로 비교할 수 있습니다.

아이들은 숫자나 텍스트보다 색깔과 모양으로 표현된 정보를 더 잘 받아들입니다. 막대그래프나 원형 차트를 통해 데이터의 중요한 부분이나 패턴을 스스로 발견할 수 있기 때문입니다. 예를 들어, 그래프를 보며 "왜 이번 달에 물을 많이 썼을까?" 같은 질문을 던지며 문제를 생각하게 됩니다. 이러한 과정은 단순히 정보를 이해하는 것을 넘어, 데이터를 분석하고 해석하는 능력을 길러줍니다.

데이터를 해석하는 힘, 아이들에게 꼭 필요한 이유

데이터를 해석하는 능력은 단순한 학습을 넘어, 아이들이 세상을 바라보고 문제를 해결하는 방법에 직접적인 영향을 미칩니다. 데이터를 통해 아이들은 논리적으로 사고하고, 구체적인 결론을 도출하는 경험을 할 수 있습니다.

예를 들어, 아이가 "우리 반 친구들이 좋아하는 간식"에 대한 설문조사를 진행했다고 가정해 봅시다. 이 결과를 그래프로 정리하면 어떤 간식이 가장 인기가 많은지 쉽게 알 수 있습니다.

이를 바탕으로 "다음 간식 시간에 어떤 간식을 준비하면 좋을까?" 같은 현실적인 질문을 던지게 됩니다. 이런 경험은 데이터를 기반으로 결정을 내리는 과정을 자연스럽게 배우게 하고, 논리적 사고력과 문제 해결 능력을 키워줍니다.

데이터는 일상적인 선택에서도 유용합니다. 용돈 관리를 예로 들어보겠습니다. 아이가 매달 용돈 사용 내역을 기록하고 그래프로 정리한다면, 자신이 어디에 가장 많은 돈을 쓰고 있는지 쉽게 파악할 수 있습니다.

"이번 달에는 장난감에 용돈의 절반을 썼네. 다음 달에는 책 한 권을 사보면 어떨까?" 같은 대화를 나누다 보면, 아이는 데이터가 자신의 행동을 점검하고 더 나은 선택을 돕는 도구라는 점을 깨닫게 됩니다. 이러한 경험은 일상에서 데이터를 실질적으로 활용하는 방법을 배우는 기회가 됩니다.

데이터를 다룰 줄 아는 아이가 미래를 준비하는 법

아이들이 살아갈 미래는 데이터 중심의 세상이 될 가능성이 큽니다. 다양한 산업에서 데이터를 활용하는 능력은 점점 더 중요한 역량이 되고 있습니다. 예를 들어, 의료 분야에서는 환자의 데이터를 분석해 적합한 치료법을 찾고, 환경 분야에서는 기후 데이터를 바탕으로 온실가스 감축 방안을 설계합니다. 이처럼 데이터는 거의 모든 분야에서 중요한 역할을 하고 있습니다.

기업에서도 데이터 활용 능력은 중요한 자산입니다. 고객의 구매 데이터를 분석해 더 나은 서비스를 제공하거나, 생산 데이터를 활용해 효율성을 높이는 등 데이터는 의사결정의 핵심 도구로 자리 잡았습니다. 따라서 아이들이 데이터를 시각화하고 해석하는 능력을 어릴 때부터 익힌다면, 미래의 복잡한 문제를 해결할 수 있는 기본적인 역량을 자연스럽게 갖추게 됩니다.

집에서 할 수 있는 쉬운 데이터 놀이

데이터 시각화와 해석 능력을 키우는 방법은 어렵지 않습니다. 아이들과 함께 간단한 활동을 하며 데이터를 관찰하고 활용하는 경험을 제공할 수 있습니다. 예를 들어, 냉장고에 있는 과일의 종류와 개수를 기록하고 차트로 만들어봅니다.

"이번 주에 어떤 과일을 가장 많이 먹었을까?" 같은 질문을 던지면, 아이는 데이터를 분석하고 결론을 도출하는 과정을 자연스럽게 배울 수 있습니다. 또 다른 방법으로 간단한 설문조사를 진행해 보는 것도 좋습니다. "가족이 가장 좋아하는 간식은 무엇인가요?" 같은 질문으로 설문

조사를 하고, 결과를 막대그래프로 정리해 볼 수 있습니다.

아이들은 데이터를 수집하고 정리하는 법을 배우며, 그래프를 보며 "초콜릿 과자가 가장 인기 있는 이유는 뭘까?" 같은 질문을 통해 데이터를 더 깊이 이해하게 됩니다.

이런 활동은 단순한 재미를 넘어 데이터를 실생활에 적용할 수 있는 능력을 길러줍니다. 날씨 데이터를 활용하는 것도 좋은 활동입니다. 매일의 날씨를 기록하고 일주일 동안의 온도 변화를 그래프로 표현해 보세요. "이번 주는 수요일이 가장 더웠네!" 같은 관찰을 통해 데이터가 시간에 따라 변화한다는 것을 배우게 됩니다. 이런 활동은 시간에 따른 데이터의 흐름을 이해하고, 데이터로 패턴을 찾는 능력을 키워줍니다.

함께 보고 생각하는 데이터 경험이 중요하다

데이터에 대한 흥미를 높이려면 부모님이 함께 참여하는 것이 중요합니다. 아이가 데이터를 단순한 숫자가 아니라 흥미로운 도구로 느낄 수 있도록, 재미있는 활동을 제안해 보세요.

예를 들어, 가족의 한 달 치 물 사용량을 기록하며 "어떻게 하면 물을 절약할 수 있을까?" 같은 질문을 함께 고민해 보세요. 데이터를 통해 문제를 파악하고 해결 방안을 찾아가는 과정을 경험하면, 데이터의 가치를 자연스럽게 깨닫게 될 것입니다.

데이터를 읽는 힘, 세상을 이해하는 열쇠가 된다

데이터 시각화와 해석 능력은 단순히 학습의 도구가 아닙니다. 그것은 아이들이 세상을 이해하고 문제를 해결하는 데 필요한 도구입니다. 아이들은 데이터를 통해 논리적으로 사고하고, 더 나은 결정을 내리는 힘을 배울 수 있습니다.

일상 속 작은 활동에서부터 시작해 보세요. 데이터를 관찰하고 활용하는 경험이 쌓이면, 아이들은 미래의 복잡한 문제도 자신감 있게 해결할 수 있는 능력을 갖추게 됩니다.

데이터는 아이들에게 세상을 읽는 눈을 제공하며, 더 나은 미래를 준비하는 중요한 첫걸음입니다.

3

SNS 활용법

- 정보를 가려보고 글쓰기로 연습하자

소셜 미디어, 아이의 문해력을 키울 수 있을까?

중학교 2학년인 지연이는 친구들과 소통을 인스타그램 DM(다이렉트 메시지)으로 자주 합니다. 어느 날 친구가 새로 읽은 책에 대한 이야기를 올린 것을 보고 지연이도 책에 대한 흥미가 생겼습니다. 궁금한 마음에 DM을 통해 친구에게 "그 책의 주제는 뭐야? 재미있어?"라고 질문을 했는데 친구는 책의 주제와 등장인물, 자신의 감상을 자세히 설명해 주었고, 지연이도 그 정보를 바탕으로 그 책을 더 알고 싶어졌습니다.

지연이는 친구와의 대화를 통해 얻은 정보를 정리하여 자신의 인스타그램 스토리에 올렸습니다. 스토리에는 책의 표지 이미지와 함께 간단한 소개, 주제에 대한 생각, 그리고 친구의 추천 이유를 담아 공유했습니다. 지연이는 자신의 인스타그램으로 책을 읽고 책 소개에 대한 재미를 붙였고 이를 통해 책 정보를 요약하고 정리하는 능력을 기르게 되었습니다.

요즘 아이들이 사용하는 디지털 기기와 소셜 미디어는 단순한 놀이 도구를 넘어 학습의 중요한 매개체가 되고 있습니다. 하지만 부모님들께는 여전히 "과연 소셜 미디어가 우리 아이에게 도움이 될까?"라는 걱정스러운 마음이 남아 있을 것입니다. 소셜 미디어는 올바르게 활용하면 아이의 문해력을 키우는 데 매우 효과적인 도구가 될 수 있습니다.

문해력은 단순히 글을 읽고 쓰는 능력을 넘어, 정보를 이해하고 분석하며 비판적으로 사고하는 능력을 포함합니다. 소셜 미디어는 다양한 형태의 콘텐츠를 제공하기 때문에 아이가 새로운 방식으로 읽고, 생각하며, 소통하는 능력을 키울 기회를 제공합니다. 이번 글에서는 소셜 미디어를 활용해 아이의 문해력을 키우는 방법을 소개합니다.

소셜 미디어, 다양한 관점을 비교한다

소셜 미디어는 짧고 빠른 정보 전달이 특징입니다. 이러한 환경에서 아이들은 핵심 내용을 빠르게 파악하고, 짧은 글이나 영상 속에서 중요한 정보를 찾아내는 능력을 키울 수 있습니다. 또한, 다양한 시각과 맥락을 접하는 기회도 늘어납니다. 같은 사건이나 주제라도 여러 사람이 각자의 방식으로 해석하고 전달하는 콘텐츠를 보면서, 정보가 어떻게 다르게 표현되는지 경험할 수 있습니다. 예를 들어, 뉴스 기사를 읽는 것과 달리, 같은 이슈를 다룬 짧은 영상, 카드 뉴스, 댓글 토론 등을 접하며 다양한 관점을 비교하는 능력도 키울 수 있습니다.

핵심을 빠르게 파악하는 힘 기르기

소셜 미디어에서는 간결한 메시지 속에서 중요한 내용을 찾아내는 능력이 필요합니다. 예를 들어, "오늘 오후 3시에 공원에서 축구 경기 모임이 있어요."라는 글을 본다면, 아이는 '언제'와 '어디서'라는 중요한 정보를 빠르게 파악해야 합니다. 이 과정은 단순히 읽는 것을 넘어 필요한 정보를 효과적으로 추출하는 연습으로 이어집니다.

이 능력은 일상에서도 유용합니다. 학교 공지나 친구의 메시지에서 필요한 내용을 이해하고 적절히 행동하는 데 도움을 줄 수 있습니다. 부모님께서는 아이와 함께 소셜 미디어 게시물을 보며 "이 글에서 가장 중요한 내용은 뭐라고 생각하니?" 같은 질문을 던져 보세요. 이런 대화를 통해 아이는 정보를 읽고 분석하는 연습을 할 수 있습니다.

하지만, 이런 빠른 정보 환경에서 중요한 것은 '비판적 사고력'입니다. 정보가 빠르게 공유되는 만큼, 정확한 사실인지 확인하고 맥락을 올바르게 이해하는 습관이 필요합니다. 아이들이 단순히 정보를 소비하는 것이 아니라, 정보에서 의미를 분석하고 자신의 생각을 정리하는 경험까지 이어지도록 도와주었을 때, 소셜 미디어는 정보 습득의 새로운 도구가 될 수 있습니다.

맥락을 이해하고 숨은 의미까지 분석하기

소셜 미디어는 글, 이미지, 해시태그가 결합된 콘텐츠를 제공합니다. 예를 들어, "오늘 날씨 너무 좋아요! #봄소풍 #따뜻한햇살"이라는 글과 함께 피크닉 사진이 올라왔다면, 아이는 글과 이미지를 연결 지으며 맥락을 이해할 수 있습니다. 부모님은 아이와 함께 이런 게시물을 보며 "왜 '#봄소풍'이라는 해시태그를 썼을까?" 같은 질문을 해보세요. 이를 통해 아이는 글쓴이의 의도나 메시지를 더 깊이 생각할 수 있습니다. 이러한 연습은 글과 시각적 자료를 통합적으로 이해하는 데 큰 도움을 줍니다.

다른 사람의 생각을 듣고 소통하는 법 배우기

소셜 미디어는 다양한 사람들의 의견을 접할 기회를 제공합니다. 예를 들어, "학교 앞에 자전거 주차장이 필요하다."라는 게시물에 "좋은 생각이에요!" 또는 "필요 없다고 생각해요." 같은 댓글이 달릴 수 있습니다. 아이와 함께 댓글을 읽고 "왜 이런 의견이 나왔을까?"라고 대화를 나눠 보세요. 이 과정에서 아이는 다양한 관점을 이해하고 공감할 수 있게 됩니다.

공감이 필요한 상황에서는 "이 사람은 자전거를 타고 다니기 때문에 이런 생각을 했겠구나."라고 추측하고, 비판적 사고가 필요한 경우에는 "그렇다면 자전거 주차장보다 중요한 문제는 뭘까?" 같은 질문을 던질 수 있습니다. 이는 소셜 미디어 안팎에서 균형 잡힌 사고와 소통 능력을 기르는 데 효과적입니다.

소셜 미디어를 활용한 문해력 훈련, 이렇게 시작하자!

소셜 미디어를 올바르게 활용하려면 부모님의 역할이 중요합니다. 아이가 소셜 미디어를 안전하게 사용하면서 문해력을 키울 수 있도록 아래의 활동을 시도해 보세요.

짧은 콘텐츠로 대화 나누기

아이와 함께 짧은 글이나 이미지를 보고 이야기를 나눠 보세요. 예를 들어, "이 글에서 가장 중요한 내용은 뭘까?" 또는 "이 그림이 전하려는 메시지는 뭐라고 생각하니?" 같은 질문을 던지며 아이가 정보를 분석하고 이해하도록 도와주세요. 이런 활동을 통해 아이는 단순히 콘텐츠를 소비하는 데 그치지 않고, 비판적으로 사고하는 연습을 할 수 있습니다.

댓글을 쓰며 자연스럽게 소통 연습하기

아이와 함께 게시물에 댓글을 달아보세요. 친구의 글에 "나도 오늘 공원에 갔었어!" 같은 간단한 답글을 작성하면서, 맥락에 맞는 표현을 사용하도록 지도할 수 있습니다. 이러한 활동은 짧고 핵심적인 글쓰기를 배우는 데 유용합니다.

짧은 글을 직접 써보며 표현력 키우기

소셜 미디어의 특성을 활용해 아이와 함께 짧은 글을 작성해 보세요. 예를 들어, 가족 여행 사진을 올리며 "오늘 가족과 공원에 갔어요. 놀이기구도 타고 맛있는 간식도 먹었어요!" 같은 간단한 글을 쓰게 해 보세요. 이 과정은 아이가 핵심적인 메시지를 효과적으로 전달하는 방법을 배우는 데 도움이 됩니다.

사실과 의견을 구분하는 습관 들이기

소셜 미디어에 올라오는 다양한 콘텐츠를 보며 "이건 사실일까, 아니면 의견일까?" 이런 것들을 판단하는 연습을 해보세요. 예를 들어, "이 도시는 세계에서 가장 멋져!"라는 글을 보며 "이건 의견이네. 왜 이렇게 생각했을까?"라고 이야기해 보세요. 이런 연습은 아이가 정보를 비판적으로 바라보고 잘못된 정보를 구별하는 능력을 기르는 데 도움을 줍니다.

부모님도 함께 배우며 대화하자

소셜 미디어를 유익하게 활용하려면 부모님의 관심과 개입이 필수적입니다. 아이가 안전한 환경에서 소셜 미디어를 사용할 수 있도록 적절한 가이드라인을 설정해 주세요. 사용 시간을 제한하거나(예: 하루 30분), 특정 플랫폼에서만 활동하도록 규칙을 정하는 것도 좋은 방법입니다. 무엇보다 아이와 함께 소셜 미디어를 탐험하며 긍정적인 모델이 되어 주세요. 아이가 궁금한 점을 물어보면 열린 마음으로 대답하고, 대화를 통해 소셜 미디어의 긍정적 활용법을 스스로 느낄 수 있게 도와주세요.

소셜 미디어, 아이의 성장 도구가 될 수 있다

소셜 미디어는 올바르게 활용하면 아이의 문해력과 사고력을 키우는 훌륭한 도구가 될 수 있습니다. 부모님과 함께 콘텐츠를 분석하고 글을 쓰며 소통하는 과정을 통해, 아이는 정보를 읽고 이해하며 비판적으로 사고하는 방법을 배우게 됩니다. 중요한 것은 아이가 소셜 미디어를 올바르게 사용하는 방법을 배우고, 이 과정에서 부모님이 든든한 가이드가 되어 주는 것입니다. 소셜 미디어는 단순한 놀이를 넘어 아이가 세상을 이해하고, 생각을 표현하며, 다른 사람과 소통하는 능력을 키우는 특별한 기회가 될 수 있습니다.

4

AI 학습 도구
- 스마트한 학습 파트너로 활용하자

AI, 아이의 문해력을 키우는 도구가 될 수 있을까?

저녁 식사 후 막내딸 하린이가 영어 공부한다며, 스마트폰으로 '리디 게이트' 앱을 열더니 게임처럼 무엇인가를 실행합니다.

"What is the name of this animal?"

Tiger

Bear

Fox

Rabbit

화면에 커다란 갈색 곰 사진이 떴습니다. 아이는 망설이지 않고 'Bear'를 눌렀습니다.

"딩동댕! 정답입니다!"

태블릿에서 밝은 효과음이 나오고, 화면에는 'Great job! +10점'이라는 메시지가 떴습니다. 딸아이는 씩 웃으며 다음 문제로 넘어갔습니다.

그때 엄마가 다가와 물었습니다.

"하린아, 뭐 하고 있니?"

"엄마, 저 영어 퀴즈를 풀고 있어요! 동물 이름 맞히는 문제예요."

엄마는 화면을 들여다보며 말했습니다.

"오~ 재미있겠구나? 엄마도 한 문제 풀어봐도 될까?"

"네! 자, 엄마 이거 맞혀 보세요!"

"This animal can fly. What is it?"

Dog

Elephant

Bird

Fish

엄마는 일부러 장난스럽게 "음… 개?" 하며 Dog를 눌렀습니다.

"땡! 다시 생각해 보세요!"

태블릿에서 귀여운 효과음이 나왔습니다. 하린이는 웃음을 터뜨리며 말했습니다.

"엄마, 정답은 Bird예요! 새는 날 수 있잖아요."

"아, 맞다! 엄마가 틀렸네~" 엄마는 일부러 놀란 척하며 웃었습니다.

"이제 나도 영어 공부를 좀 해야겠구나?"

하린이는 기분 좋게 다음 문제를 풀었습니다. 게임처럼 재미있어서, 공부하는 기분도 들지 않았습니다. '내일은 몇 점까지 올릴 수 있을까?' 아이는 더 집중하며 태블릿 화면을 터치했습니다.

요즘 'AI'라는 단어를 자주 접합니다. 뉴스나 일상 대화에서도 빠지지 않고 등장합니다. 그런데 AI가 아이들의 문해력을 키우는 데도 큰 도움을 줄 수 있다는 사실, 알고 계셨나요? 거듭 강조하지만 디지털 문해력은 단순히 글을 읽고 쓰는 능력을 넘어 정보를 이해하고 자신의 생각을 표현하며 문제를 해결하는 데 필요한 중요한 역량입니다.

AI는 이러한 문해력을 키우는 데 있어 맞춤형 학습부터 실시간 피드백, 재미있는 학습 환경까지 폭넓은 가능성을 제공합니다. 이번 글에서는 AI를 활용한 스마트 학습이 어떻게 이루어지는지, 그리고 학부모님이 이를 어떻게 실천할 수 있는지 소개해 드리겠습니다.

AI, 우리 아이에게 맞춤형 학습을 선물하다

아이들은 저마다의 학습 속도와 방식이 다릅니다. 어떤 아이는 단어의 뜻을 빨리 이해하지만 문맥 속 활용에 어려움을 느끼고, 어떤 아이는 느린 속도로 읽기를 연습하며 글을 따라가는 데 익숙해집니다. AI는 이러한 차이를 분석해서 아이들 각자에게 맞는 학습 자료를 제공합니다.

예를 들어, 아이가 '분홍색'이라는 단어를 이해하지 못한다면 AI는 단어의 뜻을 그림과 함께 설명하거나, "분홍색 물건을 찾아보세요."라는 활동을 제안해 실생활에서 단어를 연결하도록 돕습니다. 이런 맞춤형 접근 방식은 아이에게 부담을 주지 않으면서도 부족한 부분을 자연스럽게 보완하고, 학습에 대한 자신감을 키워줍니다. 이 과정에서 부모님은 AI가 제공하는 학습 기록을 통해 아이가 어려워하는 부분을 파악하고, 그에 맞는 지원을 제공할 수 있습니다. AI는 단순히 기술이 아니라, 부모님과 함께 아이의 학습 여정을 더욱 체계적으로 만드는 동반자가 될 수 있습니다.

실시간 피드백으로 배움을 더 깊게!

아이들이 글을 읽거나 쓰는 과정에서 가장 큰 어려움은 자신의 부족한 점을 바로 알아차리지 못한다는 것입니다. AI는 이러한 문제를 해결하기 위해 실시간으로 피드백을 제공합니다. 예를 들어, 아이가 동화 『해와 바람』을 요약하며 "둘이 누가 더 강한지 겨뤘어요."라고 썼다면, AI는 "누가 이겼는지, 어떤 방법으로 이겼는지를 추가로 써볼까요?"라고 제안할 수 있습니다.

아이는 이 피드백을 통해 중요한 정보를 빠뜨리지 않고 더 구체적으로 글을 완성하는 방법을 배우게 됩니다. 또한, 요약문이 너무 길거나 핵심에서 벗어났을 때, AI는 "이 부분을 조금 더 간결하게 써볼까요?"라는 제안으로 글쓰기를 개선할 기회를 제공합니다. 이런 실시간 피드백은 아이가 실수를 바로잡고 더 나은 표현을 시도할 수 있도록 도와주며, 글을 쓰는 과정을 더욱 체계적으로 만들어 줍니다.

AI와 함께하는 학습, 모험이 될 수 있을까?

학습이란 아이들에게 때로는 지루하게 느껴질 수 있는 일입니다. 하지만 AI는 아이들의 흥미를 끌어내 재미있는 방식으로 학습 환경을 제공합니다. 아이들이 마법의 숲을 탐험하는 주인공이 되어 단서를 찾아야 하는 미션을 수행한다고 상상해 보세요. 단서를 얻으려면 짧은 글을 읽고 질문에 답하거나 문장을 완성해야 합니다. "이 문장을 읽고 주인공이 다음에 어디로 가야 할지 선택해 보세요." 같은 활동은 아이가 글의 내용을 이해하고 스토리의 흐름을 파악할 수 있게 해줍니다.

이와 같은 게임형 학습 환경은 학습을 단순히 공부가 아닌 모험처럼 느끼게 해줍니다. 아이들은 이런 학습 환경을 통해 성취감과 함께 문해력을 향상시키는 데 큰 도움을 받게 됩니다. 부모님은 아이와 함께 "오늘 어떤 미션을 수행했어?" 또는 "가장 재미있었던 부분은 뭐였어?" 같은 대화를 나누며 학습을 더욱 의미 있는 경험으로 만들 수 있습니다.

AI를 활용한 학습, 이렇게 시작하자!

그렇다면 가정에서 AI 학습을 효과적으로 적용하려면 어떻게 해야 할까요? 먼저, 다루기 쉽고 편리한 AI 학습 도구를 찾아보는 것이 중요합니다. 제가 직접 사용해 본 프로그램 중 하나인 레서(Lesser)라는 앱이 있습니다.

이 앱은 AI가 아이의 독해력을 분석하고, 수준에 맞는 콘텐츠를 제공하는 독해력 향상 도구입니다. 사용 방법도 아주 간단합니다. 먼저, 아이가 흥미를 느끼는 이야기를 선택해 읽으면, AI가 퀴즈를 제공해 이해도를 점검합니다.

이후 AI의 피드백을 통해 부족한 부분을 보완하고, 반복 학습을 진행할 수 있습니다. 부모는 아이가 퀴즈를 풀 때 옆에서 함께 문제를 읽고 설명해 주거나, 독해 문제를 푼 뒤 이야기의 내용을 함께 정리해 보는 방식으로 도움을 줄 수 있습니다.

또한, 아이가 실수를 했을 때 AI의 피드백을 참고하여 어떤 부분을 보완하면 좋을지 대화를 나누는 것도 좋은 방법입니다. 또 다른 유용한 학습 도구로 퀴즐렛(Quizlet)이 있습니다. 이 프로그램은 어휘 학습에 특화되어 있어, 단어와 뜻을 배우고 퀴즈로 복습하며 기억을 강화할 수 있습니다.

AI 학습 도구들은 아이의 학습 수준과 속도에 맞춰 설계되어 있어 학습 효과를 극대화할 수 있습니다. 부모님께서는 "오늘 레서를 활용해서 책 한 권을 읽고 퀴즈를 풀어볼까?" 또는 "퀴즐렛에서 오늘 배운 단어 10개를 외워볼래?" 같은 간단한 목표를 제시하며 아이의 흥미를 유지하고 학습을 독려할 수 있습니다.

AI 학습 도구를 적절히 활용하면 아이들이 보다 능동적으로 학습에 참여하게 되며, 이를 통해 자연스럽게 독해력과 어휘력을 키울 수 있습니다.

AI를 활용해 아이들 글쓰기를 도울 수 있는 방법

AI는 글쓰기를 학습하는 데도 훌륭한 도구입니다. 아이가 짧은 이야기를 작성하면 AI는 "이 문장을 더 자세히 써볼까요?" 또는 "이 단어 대신 다른 표현을 사용해 볼래요?" 같은 피드백을 제공합니다. 아이는 이런 도움을 통해 글을 확장하고 개선하는 방법을 배울 수 있습니다.

부모님은 이 과정에서 아이와 함께 AI가 제공하는 피드백을 활용하며 대화를 이어갈 수 있습니다. "여기에서 어떤 내용을 추가하면 더 재미있어질까?" 같은 질문을 통해 아이가 스스로 생각하고 글을 다듬도록 유도하세요. 이러한 대화는 아이에게 글쓰기의 즐거움과 자신감을 동시에 심어줄 수 있습니다.

AI와 함께 배우는 새로운 시대

AI는 맞춤형 학습, 실시간 피드백, 그리고 흥미로운 학습 환경을 제공하며 아이들의 문해력을 키워주는 강력한 도구입니다. 이 기술은 단순히 읽기와 쓰기를 넘어, 아이가 자신의 생각을 정리하고 표현하며, 문제를 해결하는 능력을 기르는 데 중요한 역할을 합니다.

부모님이 관심을 가지고 AI 학습 도구를 함께 활용한다면, 아이의 학습 경험은 더욱 풍부해질 것입니다. 오늘부터 가벼운 마음으로 스마트폰에 앱을 설치한 후 AI를 활용한 문해력 학습을 시작해 보세요. 이 과정은 우리 아이가 더 큰 세상을 이해하고 스스로 성장할 수 있게 해주는 소중한 기회입니다.

5

온라인 토론 플랫폼

- 생각을 정리하고 논리적으로 표현하자

패들렛으로 토론하고 글쓰기

서울의 한 초등학교에서는 매주 패들렛을 활용한 온라인 글쓰기와 토론 수업을 진행합니다. 이번 주 주제 "초등학생도 스마트폰을 자유롭게 사용할 수 있어야 할까요?"

수업이 시작되자 선생님은 패들렛 게시판을 띄우고, 학생들에게 각자의 의견을 올려보라고 안내합니다. 곧 게시판에는 다양한 의견이 올라옵니다.

"우리는 이미 스마트폰을 다룰 줄 아는데, 자유롭게 사용할 수 있어야해요. 검색도 하고, 공부할 때도 필요해요!"

"하지만 너무 많이 쓰면 눈이 나빠지고, 숙제할 시간도 줄어들어요. 스마트폰 중독도 걱정돼요."

학생들은 찬성과 반대 입장을 나누어 댓글을 달고 반박하며 자신의 생각을 발전시킵니다.

"그럼 시간을 정해놓고 쓰면 어때요?"

"공부할 때만 쓰기로 부모님과 약속하면 좋겠어요."

토론이 깊어지자, 선생님은 다음과 같은 질문을 던집니다.

"스마트폰을 자유롭게 사용하되, 문제를 줄일 수 있는 방법이 있을까요?"

학생들은 해결책을 고민하며 새로운 아이디어를 내기 시작합니다.

"학교에서 스마트폰 사용법을 배우면 좋겠어요."

"부모님과 함께 사용 규칙을 정하는 것도 방법이에요."

"친구들과 함께 모여서 쓰면 스마트폰 때문에 사회성이 줄어드는 문제도 해결될 것 같아요."

마지막으로, 학생들은 오늘 토론을 통해 배운 점을 정리해 올립니다.

"처음에는 무조건 자유롭게 써야 한다고 생각했는데, 너무 많이 쓰면 문제가 될 수도 있다는 걸 알게 됐어요."

"스마트폰을 막기보다는 스스로 조절하는 방법을 배우는 게 더 중요하다고 느꼈어요."

이렇게 패들렛을 활용한 온라인 토론과 글쓰기 수업은 아이들에게 자기 생각을 논리적으로 표현하고, 다양한 의견을 경청하면서 문제 해결 방법과 비판적 사고력을 키울 수 있는 기회를 제공합니다.

온라인 토론과 글쓰기가 필요한 이유

내 생각을 정리하고 표현하는 힘 기르기

온라인 토론은 아이들이 자신의 의견을 정리하고 논리적으로 표현하는 데 도움을 줍니다. 예를 들어 "왜 독서는 중요할까요?"라는 주제로 토론할 때, 아이는 "독서를 하면 새로운 지식을 배울 수 있어서 중요하다고 생각해요."처럼 간단히 답할 수 있습니다. 여기서 한 단계 더 나아가 "책에서 다른 나라의 문화를 배우거나 과학 이야기를 통해 새로운 사실을 알게 되니까요."와 같이 이유를 덧붙이면 생각을 더욱 구체적으로 발전시킬 수 있습니다.

이 과정에서 아이는 단순히 생각을 말하는 것을 넘어 논리적 근거를 생각하게 되고, 근거를 제시하면서 논리력을 키울 수 있습니다. 또한 토론을 바탕으로 설득력 있는 글을 작성하도록 돕습니다.

부모님은 "왜 그렇게 생각했니?"와 같은 질문으로 아이의 사고를 확장해 줄 수 있습니다. 이는 학업뿐만 아니라 실생활에서 문제를 해결하거나 친구들과 대화하는 데도 유용한 기술입니다.

다른 사람의 의견을 이해하며 소통하는 법 배우기

온라인 토론은 자신의 의견만 말하는 것이 아니라, 다른 사람의 관점을 이해하고 존중하는 연습을 제공합니다. 예를 들어, "온라인 학습이 학교 수업보다 더 좋을까요?"라는 주제에서 아이가 "온라인 학습이 더 좋다."라고 답했다면, 반대 의견으로 "학교 수업은 선생님과 직접 소통할 수 있어서 더 좋다."라는 글을 읽을 수 있습니다.

이 상황에서 아이는 "왜 다른 친구는 그렇게 생각했을까?"를 고민하며 상대방의 관점을 이해합니다. 동시에 "나는 그 의견도 좋지만, 온라인 학습은 시간을 유연하게 쓸 수 있어서 좋아."처럼 자신의 입장을 보완하는 방법도 배울 수 있습니다. 이러한 연습은 아이가 단순히 소통하는 데 그치지 않고, 비판적 사고와 공감 능력을 함께 키울 수 있게 해줍니다.

배운 것을 제대로 활용하는 문해력 키우기

디지털 환경에서 글쓰기는 오프라인과 조금 다릅니다. 간결하고 명확한 표현이 중요하며, 독자의 반응을 고려해야 합니다. 예를 들어, '우리 반에서 가장 인기 있는 놀이'에 대해 학급 게시판에 글을 작성한다고 가정해 봅시다. 아이는 "우리 반 친구들은 점심시간마다 축구를 합니다. 특히 골을 넣을 때 정말 신이 나요!"처럼 짧고 핵심을 잘 전달하는 글을 쓰게 됩니다.

이처럼 디지털 글쓰기는 아이가 내용을 간결하게 구성하고, 독자가 쉽게 이해할 수 있도록 표현하는 능력을 키워줍니다. 부모님은 "이 글을 읽는 사람이 쉽게 이해할 수 있을까?"라는 질문으로 아이가 글의 구조를 점검하도록 도와줘야 합니다.

온라인 토론과 글쓰기, 이렇게 시작하자!

가족과 함께 간단한 토론 해보기

가족이 함께 간단한 주제로 토론하며 아이가 자신의 의견을 글로 정리하도록 연습해 보세요. 예를 들어, "강아지와 고양이 중 어느 동물이 더 좋은 반려동물일까?"라는 질문을 던지면, 아이는 "강아지는 산책을 함께 할 수 있어서 건강에 좋아요."처럼 자신의 생각을 표현할 수 있습니다. 이 과정에서 부모님은 "왜 산책이 좋은 점이라고 생각하니?" 같은 추가 질문으로 아이가 생각을 구체화하도록 돕고, 논리적인 사고를 발전시킬 수 있습니다. 아이가 작성한 글을 가족이 함께 읽고 의견을 나누면, 아이는 자신의 생각을 다른 사람과 공유하는 즐거움을 느낄 수 있습니다.

온라인 글쓰기 활동에 참여하기

학교의 학급 게시판이나 디지털 독서 기록장과 같은 플랫폼을 활용해 보세요. 예를 들어, 아이가 '내가 가장 좋아하는 책'에 대해 작성한다면, "저는 마당을 나온 암탉이 가장 좋아요. 주인공 잎싹이 용기를 내서 자유를 찾는 모습이 감동적이었어요."처럼 자신의 생각과 감정을 표현할 수 있습니다. 부모님은 "왜 이 책이 좋았는지 구체적으로 말해 볼래?"
같은 질문으로 아이가 글의 내용을 더 풍부하게 만들도록 도와주세요.

친구들의 댓글을 통해서도 아이는 다른 사람과 소통하며 글쓰기의 즐
거움을 느낄 수 있습니다. 예를 들어, 친구가 "나도 그 책을 읽었어. 잎
싹의 용기가 정말 멋졌지."라고 댓글을 남기면, 아이는 "맞아, 나도 그
장면이 기억에 남아!"라고 대답하며 대화를 이어갈 수 있습니다.

댓글을 쓰며 자연스럽게 대화 이어가기

아이와 함께 다른 친구의 글에 댓글을 다는 연습도 좋습니다. 예를 들
어, 친구가 "나는 강아지가 가장 좋은 반려동물이라고 생각해. 산책을
같이 할 수 있으니까."라는 글을 올렸다면, 아이는 "산책하는 점은 정말
좋아. 그런데 강아지를 키울 때 힘든 점도 있을까?" 같은 댓글을 달아
대화를 확장할 수 있습니다. 이 과정에서 아이는 상대방의 의견을 공감
하고, 자신의 생각을 덧붙이며 논리적으로 대화를 이어가는 법을 배웁
니다. 이는 단순한 글쓰기 연습을 넘어 디지털 환경에서의 소통 능력을
길러줍니다.

온라인에서의 글쓰기, 미래를 위한 필수 기술이다

온라인 토론과 글쓰기 기술은 단순히 학습에서 그치지 않습니다. 논

리적으로 사고하고 자신의 의견을 효과적으로 표현하며, 다른 사람과 소통하는 능력을 키우는 중요한 도구입니다. 디지털 환경이 점점 더 중요한 세상이 될수록 이 기술은 아이들의 미래에 필수적인 역량으로 자리 잡을 것입니다. 부모님이 아이와 함께 토론하고 글쓰기를 연습하며 작은 성취를 칭찬해준다면, 아이는 문해력뿐만 아니라 자신감을 갖고 세상과 소통하는 능력을 키워나갈 수 있습니다.

6

검색 엔진 필터링
- 필요한 정보를 정확히 찾아내자

늑대가 나타났다!

6학년 주원이는 인터넷에서 "제주도에서 늑대 발견! 사람들 불안에 떨다."라는 기사를 보고 깜짝 놀랐습니다. "늑대가 제주도에 나타났다고?" 주원이는 기사 내용을 확인하지도 않은 채 가족들에게 급히 말했습니다. "엄마! 제주도에 늑대가 돌아다닌대! 이제 제주도 가면 위험한 거 아니야?" 엄마는 이상하다는 듯 기사를 직접 읽어 보았습니다.

기사 내용을 확인한 엄마는 웃으며 말했습니다. "주원아, 기사 제목만 보면 늑대가 나타난 것처럼 보이지만, 사실은 보호소에서 탈출한 개였대. 내용도 안 읽고 결론부터 내리면 안 되지." 그제야 주원이는 자신이 제목만 보고 성급하게 판단했음을 깨달았습니다.

이처럼 정보의 맥락을 이해하지 않으면 자극적인 제목이나 단편적인 내용만으로 잘못된 판단을 내릴 수 있습니다. 정보를 접할 때는 전체 내용을 꼼꼼히 읽고, 사실 관계를 확인하는 습관이 필요합니다. 이때 필요한 것이 바로 정보의 맥락을 이해하는 검색 기술입니다.

이 기술은 단순히 정보를 찾는 데 그치지 않고, 검색 결과를 분석하고 올바르게 활용하는 능력을 의미합니다. 인터넷이라는 거대한 정보의 바닷속에서 아이들이 신뢰할 수 있는 정보를 찾고 이를 맥락적으로 사고하며 활용하는 방법을 배우는 것은 학습과 실생활 모두에 있어 큰 도움이 됩니다.

검색만 하면 다 알까? 중요한 건 맥락이다!

과거에는 아이들은 모르는 것이 생기면 부모님께 물어보는 것이 일상이었습니다. 그러나 요즘에는 스마트폰을 켜고 검색부터 합니다. 한두 번의 터치로 원하는 정보를 찾을 수 있으니 편리합니다.

하지만 검색을 한다고 해서 정보를 제대로 이해하는 것은 아닙니다. 중요한 것은 검색을 통해 단순한 답을 찾는 것이 아니라, 맥락을 이해하는 사고 습관을 기르는 것입니다.

예를 들어, 한 아이가 "햄버거 몸에 안 좋음."이라고 검색하면 햄버거의 단점만 나열된 결과가 나오고, 반대로 "햄버거 건강에 좋음."이라고 검색하면 긍정적인 정보만 보입니다.

같은 주제를 검색하더라도 어떤 방식으로 접근하느냐에 따라 결과가 완전히 달라집니다. 그런데 아이들은 이런 차이를 인식하지 못하고, 자신이 처음 검색한 결과를 진실로 받아들이는 경우가 많습니다. 비슷한 사례는 일상에서도 자주 발견됩니다.

5학년 한별이는 "고양이 털이 호흡기 질환을 일으킨다."라는 이야기를 들었습니다. 궁금했던 한별이는 인터넷에 '고양이 털 위험'을 검색했고 "고양이 털로 인해 천식이 악화된다.", "고양이 털이 폐로 들어가면 큰 병이 생길 수 있다."와 같은 글을 읽게 되었습니다. 한별이는 이 내용을 그대로 믿고 친구들에게 말했습니다.

"우리 집도 고양이를 키우는데, 엄마 아빠가 아픈 건 고양이 털 때문일 수도 있어!"

하지만 선생님께서 말했습니다.

"고양이 털이 건강에 미치는 영향은 사람마다 다르고, 반드시 위험한 것은 아니야. 믿을 만한 기관의 연구도 찾아보면 좋겠구나."

그제야 한별이는 자신이 검색한 결과가 단편적일 수 있으며, 다른 관점에서도 살펴봐야 한다는 것을 깨닫게 되었습니다.

이처럼 검색은 단순한 정보 탐색이 아니라 맥락을 이해하는 과정입니다. 하지만 아이들은 검색 결과를 그저 '정답'으로 여기고, 이를 깊이 생각하지 않는 경우가 많습니다.

그렇다면 가정에서 아이들이 검색을 통해 비판적으로 사고하는 힘을 기를 수 있도록 도울 방법은 무엇일까요?

검색어 하나로 결론을 내리지 않도록 돕기

아이들은 검색할 때 보통 자신이 기대하는 답을 찾으려는 경향이 있습니다. 예를 들어, 게임이 공부에 도움이 된다고 믿는 아이는 '게임이 공부에 좋은 이유'를 검색하고, 게임이 나쁘다고 생각하는 아이는 '게임이 공부를 방해하는 이유'를 검색하는 식으로 정보를 검색합니다. 이렇게 하면 자신이 원했던 정보만 접하게 되고, 다른 관점에서 생각할 기회는 사라집니다.

제목만 믿는 우리 아이, 어떻게 도와줄까?

그렇다면 가정에서 아이들이 맥락을 이해할 수 있도록 도와줄 수 있는 방법은 무엇일까요? 부모가 할 수 있는 가장 쉬운 방법은 아이가 검색한 내용을 이야기할 때, 자연스럽게 "다른 의견도 한번 찾아볼까?" 하고 유도하는 것입니다. 검색 결과를 비교해 보면서 어떤 정보가 더 신뢰할 만한지 대화를 나누는 것도 좋은 방법입니다.

예를 들어, 아이가 "엄마! 아침을 안 먹으면 살이 빠진대!"라고 말한다면, "그렇구나! 그런데 아침을 안 먹으면 오히려 건강이 나빠질 수도 있지 않을까? 같이 찾아볼까?"라고 질문을 던져 보는 겁니다. 이렇게 하면 아이는 자연스럽게 다양한 시각에서 정보를 바라보는 연습을 하게 됩니다.

검색한 내용을 끝까지 읽는 습관 들이기

요즘 뉴스나 블로그 글의 제목은 클릭을 유도하기 위해 자극적으로 작성되는 경우가 많습니다. 하지만 아이들은 이 점을 잘 모르고, 제목만 보고 내용을 오해하는 경우가 많습니다. 이럴 때는 부모가 아이와 함께 기사 제목을 보고, "이 기사 내용도 정말 제목처럼 나와 있을까?"라고 질문을 던지는 것이 효과적입니다. 아이가 제목만 보고 흥분할 때, "기사 내용을 끝까지 읽어 보고 이야기해 볼까?"라고 유도하는 것도 좋은 방법입니다.

예를 들어, 6학년 민재는 "어린이 전용 샴푸를 쓰면 머리카락이 더 빨리 자란다!"라는 기사를 보고 깜짝 놀랐습니다. "나도 써야겠다!"라고 생각하며 친구들에게도 이 사실을 전하며, 당장 엄마에게 어린이 전용 샴푸를 사달라고 졸랐습니다. 하지만 부모님과 함께 기사를 끝까지 읽어 보니, 실제 내용은 "어린이용 샴푸는 자극이 적어 두피 건강을 유지하는 데 도움이 될 수 있지만, 머리카락 성장 속도와 직접적인 연관은 없다."라는 전문가의 설명이었습니다. "기사 제목만 보면 샴푸를 쓰면 머리카락이 빨리 자라는 것처럼 보이지만, 내용을 자세히 읽어 보니 꼭 그런 건 아니었네." 이렇게 직접 경험하면서 민재는 제목만 보고 결론을 내리기보다, 정보를 끝까지 읽고 내용을 이해하는 습관을 들이게 되었습니다.

검색한 내용을 토론해보는 연습하기

아이들이 검색한 정보를 그저 흘려보내지 않게끔, 부모님과 함께 이야기해 보는 시간도 중요합니다. 검색한 내용을 그냥 받아들이는 것이 아니라, 한 번 더 생각해 보고 논리적으로 검토하는 연습을 할 수 있기 때문입니다. 부모가 일부러 반대 의견을 제시하며 "그게 정말 사실일까?", "이 정보가 맞는지 어떻게 알 수 있을까?" 같은 질문을 던지면 아이들은 정보를 그대로 받아들이기보다 논리적으로 사고하는 습관을 기를 수 있습니다. 예를 들어, 아이가 "엄마, 아침을 안 먹으면 살이 빠진대!"라고 말하면, "그렇구나! 그런데 아침을 거르면 오히려 점심을 더 많이 먹게 돼서 건강에 안 좋을 수도 있지 않을까?"라고 질문을 던져 보는 겁니다. 이렇게 하면 아이는 한 가지 정보만 믿는 것이 아니라, 여러 자료를 비교해 보며 생각하는 힘을 기르게 됩니다.

검색은 단순한 기술이 아니라 생각하는 과정입니다

정보를 많이 아는 것이 중요한 것이 아니라, 정보를 어떻게 이해하고 해석하는지가 더 중요합니다. 아이들이 검색을 하면서도 한 가지 정보에만 의존하지 않고, 다른 관점도 고려하며 맥락을 이해하는 습관을 가질 수 있도록 부모가 도와줄 필요가 있습니다. 검색은 그 자체로 끝나는 것이 아니라 정보를 비판적으로 바라보는 연습의 시작입니다. 아이들이 넘쳐나는 정보 속에서도 흔들리지 않고, 스스로 사고할 수 있도록 작은 질문을 던지는 것부터 시작해 보세요. 그것이야말로 디지털 시대를 살아가는 아이들에게 꼭 필요한 능력입니다.

스크린 타임 관리 앱
- 디지털 기기 사용 시간을 조절하자

스크린 타임과 문해력, 어떻게 균형을 맞출까?

초등학교 4학년인 서윤이는 스마트폰으로 정보를 찾는 속도는 빨랐습니다. 하지만 국어 시험을 보면 항상 긴 지문을 읽고 난 후 문제가 어렵다고 느꼈습니다. "이 문장이 무슨 뜻인지 모르겠어." "차근차근 다시 읽어 봐." "아니, 그냥 답을 알려줘. 너무 헷갈려." 스크린에서는 빠르게 넘겨 읽으며 정보를 찾지만, 막상 긴 글을 읽고 맥락을 파악하는 것은 어려워하는 서윤이. 엄마는 아이가 검색은 잘하지만, 정작 문해력은 부족하다는 사실을 깨달았습니다.

5학년 하윤이는 브롤스타즈 게임에 빠져 있습니다. 게임 공략 영상이나 채팅창은 몇 시간이고 집중해서 읽지만, 정작 숙제할 때는 한 문장만 읽어도 금방 딴짓을 합니다. "엄마! 이거 무슨 뜻이야?" "네가 직접 읽고 생각해 봐." "그냥 알려줘! 너무 길잖아!" 하윤이는 스스로 책을 읽는 걸 힘들어합니다. 아이들의 이러한 현상은 주변에서 흔하게 볼 수 있는 장면입니다.

이러한 문제로 부모들은 아이들에게 최대한 스크린 사용 시간을 정해주고 제한하려 합니다. 하지만 단순히 시간을 줄이는 것만으로는 근본적인 문제가 해결되지 않습니다. 아이들이 긴 글을 읽는 것을 어려워하는 이유는 단순히 스크린을 많이 봐서가 아니라, 정보를 소비하는 방식 자체가 변했기 때문입니다. 짧고 빠르게 넘어가는 영상과 즉각적인 피드백에 익숙해진 아이들은 긴 글을 읽고 스스로 이해하려는 과정이 지루하고 번거롭게 느껴질 수밖에 없습니다. 따라서 중요한 것은 무조건적인 제한이 아니라, 디지털 기기 사용과 오프라인 활동의 균형을 맞추는 것입니다. 책을 읽는 시간을 의무처럼 강요하기보다, 아이들이 자연스럽게 깊이 있는 사고를 할 수 있도록 환경을 조성해야 합니다.

스크린 타임 얼마가 적당할까? 적정 수준을 찾는 법

세계보건기구(WHO)는 초등학생의 스크린 타임을 하루 1~2시간 이내로 제한할 것을 권장합니다. 이 시간은 아이들이 균형 잡힌 일상을 유지할 수 있도록 돕기 위한 가이드라인입니다. 지나친 스크린 사용은 눈 건강에 해로울 뿐만 아니라 운동 부족, 비만, 그리고 주의력 감소로 이어질 수 있습니다.

스크린 타임을 제한하는 것은 단순히 시간을 줄이자는 것이 아닙니다. 아이들이 디지털 기기를 사용할 때 어떤 활동을 하고 있는지, 이 활동이 학습과 놀이를 균형 있게 지원하는지 살피는 것이 중요합니다. 당연히 아이들은 책을 읽기보다 유튜브 영상을 보고, 게임하는 것을 더 좋아합니다. 그래서 숙제를 하느니 게임을 하는 데 더 많은 시간을 쓰곤 합니다. 그러다 보니 긴 글을 읽고 이해하는 능력이 점점 떨어지고 있는 것도 현실입니다. 따라서 이러한 문제를 해결하려면 아이들에게 화면을 보지 않고도 즐길 수 있는 활동을 자연스럽게 늘려주는 것이 중요합니다.

화면 밖에서도 도파민이 나오게

아이들이 디지털 기기에 의존하지 않도록 하려면, 그만큼 재미를 느낄 수 있는 다른 경험이 필요합니다. 특별히 오프라인 활동을 할 때에도 스마트폰을 사용할 때처럼 뇌에서 도파민이 나올 수 있도록 기분 좋은 경험을 시켜주는 게 중요합니다. 아이들이 스마트폰에 쉽게 빠져드는 이유는 짧은 시간 안에 즉각적인 보상(좋아요, 댓글, 새로운 영상 등)을 받을 수 있기 때문입니다. 오프라인 활동에서도 성취감과 즐거움을 경험하면 자연스럽게 디지털 기기에 대한 의존도를 줄일 수 있습니다. 즉 오프라인 활동에서도 성취감과 즐거움을 경험하면 자연스럽게 도파민이 나오면서 디지털 기기에 대한 의존도를 줄일 수 있습니다.

아이들이 직접 무언가를 만들거나 목표를 달성하는 경험을 할 때, 스마트폰에서 느끼던 만족감을 대체할 수 있기 때문입니다. 예를 들면, 하루 10분씩 책을 읽고 가장 인상 깊었던 내용을 가족에게 이야기하는 독서 챌린지는 아이들이 자연스럽게 글을 읽고 이해하는 능력을 키우는 데 도움이 됩니다. 그림을 그리거나 점토로 무언가를 만들고, DIY 키트를 활용해 직접 결과물을 만들어보는 창작 활동은 집중력을 높이고 성취감을 느끼게 해 줍니다. 또한, 줄넘기 도전, 자전거 타기, 자연 속에서 보물찾기 미션 수행하기 같은 신체 활동은 단순한 운동을 넘어 게임처럼 즐길 수 있는 경험이 됩니다. 가족이나 친구들과 함께 전략적인 보드게임을 하면서 협력하고 경쟁하는 과정도 큰 즐거움을 줄 수 있습니다.

다음 단계로 하루를 돌아보며 그림일기나 짧은 이야기로 표현하는 일기 쓰기는 아이들이 자기 생각을 정리하고 표현하는 능력을 키우는 데 좋은 방법이 됩니다. 이렇게 도전할 목표가 있고, 눈에 보이는 성취감을 얻을 수 있는 활동을 늘려가다 보면, 아이들은 자연스럽게 스마트폰이 없어도 충분히 재미를 느끼고 몰입할 수 있습니다. 결국 중요한 것은 단순히 디지털 기기를 제한하는 것이 아니라, 아이들이 오프라인에서도 흥미를 느끼고 몰입할 수 있는 대체 경험을 제공하는 것입니다.

스마트폰이 없어도 즐거움을 찾을 수 있도록

저녁에는 가족과 함께 대화를 나누며 하루를 돌아보고, 식사 시간에는 스마트폰을 내려두고 온전히 대화에 집중하는 습관을 길러보는 것도 좋습니다. 주말에는 야외 활동을 하거나, 보드게임이나 만들기 놀이처럼 손을 움직이며 창의력을 발휘할 수 있는 시간을 가져보는 것도 좋은 방법입니다. 이렇게 일상 속에서 자연스럽게 오프라인 활동을 늘려가다 보면, 디지털 기기에 대한 의존도는 자연스럽게 줄어들고, 아이들은 스마트폰이 없이도 충분히 재미를 느낄 수 있는 습관을 갖게 됩니다. 중요한 것은 균형을 맞추며 다양한 경험을 통해 오프라인에서도 즐거움을 찾을 수 있도록 돕는 것입니다.

스크린 타임 계획표로 건강한 습관 만들기

아이와 함께 스크린 타임 계획표를 만들어 보는 것도 좋은 방법입니다. 전자책 읽기, 학습 앱 사용, 놀이 시간 등 각 활동의 시간을 명확히 나누어 계획하면 아이가 스스로 시간을 관리하는 법을 배울 수 있습니다. 예를 들어, 전자책 읽기 20분, 학습 앱 사용 30분, 놀이 시간 20분으로 나누는 방식이 가능합니다. 학습 활동을 먼저 배치하면, 아이는 할 일을 끝낸 뒤 여유롭게 노는 법을 익히게 됩니다. 이 과정에서 부모님은

"오늘 정해진 시간을 잘 지켰네! 정말 대단하다."와 같은 칭찬으로 아이의 의욕을 높여줍니다.

부모가 먼저 실천하는 모범이 중요하다

아이의 스크린 타임을 관리하는 데 있어 부모님의 역할은 매우 중요합니다. 부모님이 스스로 스마트폰이나 디지털 기기 사용을 줄이며 "오늘은 스마트폰 대신 책을 읽었더니 기분이 좋았어." 같은 경험을 공유하면, 아이도 자연스럽게 비슷한 태도를 배우게 됩니다. 가족이 함께 디지털 기기를 내려놓고 책을 읽거나 산책을 하며 시간을 보내는 것은 단순히 스크린 타임을 줄이는 것을 넘어, 가족 간의 유대감을 깊게 하고 아이에게 건강한 라이프 스타일을 전달하는 계기가 될 수 있습니다.

문해력과 디지털, 조화를 이루는 습관 만들기

디지털 기기는 적절히 활용하면 아이들의 문해력을 키우는 훌륭한 도구가 됩니다. 하지만 사용 시간을 무작정 줄이는 데 그치지 않고, 학습과 놀이를 균형 있게 배치하는 것이 중요합니다. 전자책 읽기나 학습 앱 사용 같은 활동과 더불어 오프라인 독서, 야외 놀이, 가족 활동을 조화롭게 구성하면 아이는 디지털 기기에서 얻는 장점과 전통적인 활동의 이점을 모두 누릴 수 있습니다. 오늘부터 아이와 함께 스크린 타임 계획을 세워 보세요. 디지털 환경에서의 건강한 사용 습관을 형성하면서, 오프라인에서의 즐거움과 경험도 함께 쌓아갈 수 있습니다.

$$8$$

챗봇과 AI 도우미

- 질문하고 답하며 사고력을 키우자

"얘들아, 이 챗봇 진짜 똑똑해! 수학 문제 물어보니까 바로 답을 알려줘!"

호기심이 생긴 수연이가 다가와 지훈이의 화면을 들여다보았습니다. 화면에는 "3+5×2"라는 식과 함께 챗봇이 보낸 풀이 과정이 나와 있었습니다.

"진짜? 나도 한번 해볼래!"

수연이는 스마트폰을 꺼내 챗봇에게 말을 걸었습니다.

"안녕! 나는 초등학교 5학년 수연이야!"

"안녕, 수연! 만나서 반가워. 뭐가 궁금해?"

"과학 숙제해야 하는데, 지구가 왜 둥근 거야?"

"좋은 질문이야! 지구는 중력이 중심으로 당기기 때문에 둥근 모양을 하고 있어. 풍선에 공기를 불어 넣으면 둥글어지는 것과 비슷하지!"

수연이가 감탄하며 말했습니다.

"우와, 설명 완전 쉽다!"

그때, 옆에서 듣고 있던 민호가 장난스럽게 챗봇에게 질문을 던졌습니다.

"넌 감정을 느낄 수 있어?"

"나는 감정을 느끼지는 않지만, 너와 대화하는 건 정말 즐거워!"

민호가 피식 웃으며 다시 물었습니다.

"그럼, 너 화낼 수도 있어?"

"나는 화내지 않아! 대신 너에게 도움이 되는 답을 주고 싶어!"

옆에서 듣고 있던 지훈이가 손을 번쩍 들며 끼어들었습니다.

"그럼 너랑 가위바위보 하면 누가 이겨?"

"좋아! 가위, 바위, 보! 나는 가위를 냈어. 넌 뭐 냈어?"

아이들이 깔깔 웃으며 스마트폰 화면을 보았습니다.

"헐, 진짜 반응했어! 다음엔 뭐 물어볼까?"

아이들은 마치 새로운 친구를 만난 것처럼 챗봇과 대화를 이어갔습니다. 어떤 아이는 역사 숙제를 물어보고, 또 다른 아이는 "강아지가 사람이랑 대화할 수 있을까?" 같은 엉뚱한 질문을 던졌습니다.

"이거 완전 재밌다! 나중에 또 해봐야지!"

디지털 기술이 발전하면서 챗봇과 가상 도우미는 아이들의 학습 파트너로 자리 잡고 있습니다. 단순히 질문에 답하거나 정보를 제공하는 것을 넘어, 글 읽기와 쓰기를 재미있게 연습할 기회를 제공합니다.

대화하며 배우면 더 재미있을까?

챗봇은 아이들과 자연스럽게 대화를 주고받으며 학습에 대한 흥미를 유발합니다. 예를 들어, 아이가 "달에 물이 있나요?"라고 묻는다면, 챗봇은 "달에는 얼음 형태로 물이 발견되었어요. 더 알고 싶나요?"라고 답하며 호기심을 자극합니다. 이런 대화는 단순한 정보 전달에 그치지 않고 아이가 더 많은 질문을 던지며 탐구하도록 유도합니다.

아이와 챗봇 간의 대화는 글을 읽고 이해하는 능력을 키울 뿐 아니라, 새로운 주제에 대해 비판적으로 사고하고 탐구하는 경험을 제공합니다. 부모님은 아이가 챗봇과 나눈 대화를 함께 살펴보며 "이 부분은 정말 흥미롭네! 다른 점은 뭐가 궁금해졌니?"와 같은 질문으로 아이의 사고를 확장시킬 수 있습니다.

즉각적인 피드백으로 글쓰기 실력을 키우자

챗봇은 아이가 짧은 글을 작성하면 실시간으로 피드백을 제공합니다. 예를 들어, 아이가 "오늘 공원에 갔다. 재미있었다."라고 쓰면, 챗봇은 "공원에서 무엇을 했는지 더 구체적으로 적어볼래?"라고 제안합니다. 이처럼 챗봇은 아이가 글을 풍부하게 확장하고 문장을 구체적으로 구성하는 연습을 돕습니다. 아이가 "공원에서 친구들과 숨바꼭질을 하고, 나무

그늘에서 간식을 먹었어요."라고 작성하면, 챗봇은 "어떤 간식을 먹었는지 더 설명해 줄래?"와 같은 후속 질문으로 글을 더 생생하게 만들도록 유도합니다. 이런 과정은 아이가 자신의 경험을 구체적으로 표현하고 문장의 흐름을 자연스럽게 이어가는 데 큰 도움을 줍니다. 부모님은 아이가 작성한 글을 함께 읽으며 "정말 멋진 이야기네! 다음에는 어떤 활동을 써볼까?" 같은 격려를 통해 글쓰기의 재미를 더할 수 있습니다.

아이에게 맞춘 학습으로 흥미를 유지하는 법

챗봇은 아이의 흥미와 학습 수준을 파악해 맞춤형 콘텐츠를 제공합니다. 동물을 좋아하는 아이에게는 "사자가 왜 동물의 왕일까?" 같은 주제를 제시하고, 읽기가 끝나면 "사자가 다른 동물과 다른 점은 뭐였을까?" 같은 질문으로 독해력을 점검합니다. 쓰기 활동에서는 "고양이는 귀여워요."라고 쓴 문장을 "왜 귀여운지 조금 더 설명해 줄래?"라고 확장하도록 유도하고, "귀여워요" 대신 "사랑스러워요" 같은 다양한 표현을 소개해 어휘력을 키웁니다. 이런 맞춤형 학습은 아이가 부담 없이 학습에 참여하고, 읽기와 쓰기 능력을 점진적으로 향상시키는 데 효과적입니다.

집에서도 쉽게 챗봇을 활용하는 방법

일상 대화로 자연스럽게 문해력 키우기

챗봇과의 일상 대화는 글 읽기와 쓰기를 자연스럽게 연습할 기회를 제공합니다. 예를 들어, 아이가 "오늘 미술 시간에 그림을 그렸어."라고 말하면, 챗봇은 "어떤 그림을 그렸는지 더 이야기해 줄래?"라고 질문을 이어갑니다. 이 과정에서 아이는 자신의 경험을 더 자세히 표현하며 문장의 구성을 연습하게 됩니다. 챗봇의 세부적인 질문은 아이가 대화의 흐름을 이어가는 방법을 배우도록 돕고, 글쓰기와 표현력을 자연스럽게 향상시킵니다. 부모님은 아이가 작성한 대화를 함께 읽으며 칭찬과 제안을 통해 대화의 즐거움을 더할 수 있습니다.

이야기를 만들어 창의력까지 키우기

챗봇을 활용해 이야기를 만드는 활동은 창의력과 문장 구성 능력을 키워줍니다. 예를 들어, 아이가 "옛날 옛적에 한 마법사가 있었어요."라고 시작하면, 챗봇은 "그 마법사는 어떤 능력을 가지고 있었나요?"라고 질문하며 이야기를 확장합니다. 아이의 상상력이 더해져 "마법사는 동물들과 대화할 수 있었고, 숲에 문제가 생겨 동물들을 돕기 위해 떠났어요."라고 이야기가 전개되면, 챗봇은 "숲에 어떤 문제가 있었는지 더 설명해 줄래?" 같은 추가 질문으로 이야기를 논리적으로 발전시키도록 돕습니다. 이 활동은 아이가 창작의 즐거움을 느끼며 논리적으로 글을 구성하는 연습을 할 수 있게 해줍니다. 부모님은 아이와 함께 완성된 이야기를 읽으며 "정말 멋진 모험이네! 다음엔 어떤 이야기를 만들어볼까?" 같은 칭찬으로 아이의 자신감을 북돋울 수 있습니다.

챗봇, 문해력 향상의 든든한 친구가 될 수 있다

챗봇과 가상 도우미는 단순히 정보를 제공하는 도구를 넘어, 아이들이 문해력을 재미있게 키울 수 있는 강력한 학습 파트너가 됩니다. 글쓰기와 읽기 활동을 통해 아이는 문장 구성 능력과 표현력을 연습하고, 독해 퀴즈와 스토리텔링으로 창의력과 사고력을 함께 키울 수 있습니다. 부모님은 아이가 챗봇과 작성한 글이나 대화를 함께 읽고 "정말 멋진 표현이네! 다음엔 이런 부분을 추가해보자." 같은 격려를 통해 학습 과정을 함께할 수 있습니다. 오늘부터 챗봇과 가상 도우미를 활용한 학습을 시작해 보세요. 디지털 기술은 아이가 문해력을 효과적으로 키우는 데 도움을 줄 뿐만 아니라, 학습을 즐거운 경험으로 만들어 줄 것입니다.

9

디지털 필기 도구

- 글쓰기 습관을 유지하자

글쓰기 훈련, 왜 꼭 필요할까?

점심시간, 초등학교 5학년 교실. 몇몇 아이들은 책상 위에 태블릿을 올려두고 손가락을 재빠르게 움직이며 친구들과 메시지를 주고받고 있었습니다.

"ㅋㅋㅋㅋ 진짜?"

"ㅇㅇ 완전 대박."

"ㄱㄱ 나중에 말해줄게."

짧고 빠른 대화가 오고 가는 사이, 누군가는 짧은 이모티콘 하나로 감정을 표현했습니다. 옆에서 이를 지켜보던 지훈이는 숙제를 하려고 공책을 꺼냈지만, 연필을 들고 한참을 고민했습니다.

"이거 어떻게 써야 하지?"

국어 숙제로 오늘 있었던 일을 짧은 글로 써야 했지만, 몇 줄도 채 적지 못한 채 멍하니 있었습니다. 몇 번이나 지웠다 썼다를 반복하더니 결국 한숨을 쉬며 친구에게 물었습니다.

"야, 너 숙제 다 했어?"

"아니, 그냥 대충 썼어. 길게 쓰는 거 귀찮아."

그때, 반대편에서 친구들이 태블릿으로 채팅을 하고 있었습니다. 지훈이는 힐끔 보더니 문득 생각했습니다.

"채팅할 땐 바로바로 말이 나오는데, 글을 쓰려고 하면 왜 이렇게 어렵지?"

요즘은 숙제를 할 때도 검색창에 키워드를 입력하면 필요한 정보를 바로 찾을 수 있고, 메시지를 보낼 땐 한두 글자만 쳐도 자동완성이 알아서 문장을 만들어 줍니다. 간단한 축약어와 이모티콘만으로도 감정을 표현할 수 있으니, 긴 문장을 쓸 필요조차 없습니다.

결국 지훈이는 공책을 덮고 태블릿을 켜더니, 친구에게 메시지를 보냈습니다.

"숙제 뭐라고 써야 해? 알려줘 ㅋㅋ"

글을 쓰는 대신, 짧은 메시지와 검색으로 해결하는 것이 더 익숙한 세대. 스마트폰과 태블릿이 보편화되면서, 글을 '읽고 쓰는' 일보다 '검색하고 보내는' 일이 점점 더 익숙해지고 있었습니다.

디지털 기기가 일상이 된 시대에 글쓰기는 단순한 학습 과제를 넘어,

사고를 정리하고 자신의 생각을 표현하며 타인과 소통하는 데 필요한 핵심 기술입니다. 그러나 스마트폰과 태블릿 같은 기기의 보편화로 짧고 간단한 메시지 중심의 의사소통이 익숙해지면서 글쓰기는 점차 소홀해지고 있습니다. 이런 환경에서 꾸준히 글쓰기 훈련을 하면 아이들은 사고력과 창의력은 물론, 자신감을 키울 수 있습니다.

내 생각을 정리하고 논리적으로 표현하는 힘

글쓰기는 자신의 생각을 구조화하는 과정입니다. 예를 들어, '우리 가족의 여행 계획'을 글로 작성하면, 아이는 여행의 목적, 필요한 준비물, 기대감을 정리하며 논리적인 사고를 연습하게 됩니다. 이 과정은 아이가 문제를 해결하거나 의견을 설득할 때 중요한 기초가 됩니다. 여행 계획을 작성하며 "날씨가 나쁘면 어떻게 대처할까?" 같은 대안을 생각해 보면, 아이는 상황을 예측하고 대안을 마련하는 연습을 하게 됩니다. 이는 단순한 문장 작성이 아니라, 문제를 분석하고 해결책을 제시하는 능력을 키우는 활동으로 확장됩니다.

다른 사람과 효과적으로 소통하는 법 배우기

디지털 환경에서는 이메일, 메시지, 게시글처럼 글을 통해 소통하는 일이 많습니다. 쓰기를 통해 아이는 자신의 생각을 명확하고 간결하게 표현하는 방법을 배우게 됩니다. 예를 들어, 학교 과제로 "기후 변화의 원인"에 대해 작성한다면, 아이는 핵심 정보를 파악하고 이를 정리해 효과적으로 전달하는 연습을 할 수 있습니다. 이 능력은 학업뿐만 아니라 친구와의 대화나 온라인 커뮤니티에서 자신의 의견을 공유할 때도 큰 도움이 됩니다. 쓰기는 아이가 자신감을 가지고 타인과 소통할 수 있는 강력한 도구가 됩니다. 부모님은 아이가 쓴 글을 함께 읽으며 "이 부분이 정말 명확하게 잘 표현됐구나!" 같은 칭찬으로 글쓰기의 즐거움을 북돋아 줄 수 있습니다.

창의력과 상상력을 마음껏 펼칠 기회

글쓰기는 아이들이 자신만의 아이디어를 탐구하고 표현하는 창의적 활동입니다. "내가 슈퍼히어로라면 어떤 능력을 가지고 있을까?" 같은 주제는 아이가 상상력을 발휘하며 글로 표현할 수 있는 좋은 기회가 됩니다. 예를 들어, 아이가 "나는 시간을 멈출 수 있는 능력을 가졌어요. 모두가 여유롭게 준비할 수 있도록 시간을 멈추고 싶어요."라고 썼다면, 부모님은 "그 능력을 다른 상황에서는 어떻게 사용할 수 있을까?" 같은 추가 질문으로 글을 확장하도록 격려할 수 있습니다. 이 과정에서 아이는 자신의 상상력을 구체화하고 글로 풀어내는 즐거움을 느끼며 창의적으로 사고하는 법을 배웁니다.

읽기와 쓰기는 함께 성장한다

읽기와 쓰기는 서로를 보완하며 함께 발전합니다. 아이가 책을 읽으면서 배운 어휘와 문장 구조를 글쓰기에서 적용하면 문해력이 자연스럽게 향상됩니다. 예를 들어, 아이가 모험 이야기를 읽고 "만약 내가 주인공이라면 어떻게 문제를 해결했을까?"라는 주제로 글을 쓰게 하면, 책에서 배운 표현과 서술 방식을 활용해 자신만의 이야기를 만들 수 있습니다. 부모님은 아이가 읽은 책에 대해 "가장 기억에 남는 장면을 글로 써볼래?" 같은 질문을 던지면서 읽기와 쓰기를 자연스럽게 연결하는 활동을 통해 조금씩 성장합니다.

디지털 시대, 글쓰기 훈련은 이렇게 하자!

짧고 재미있는 주제로 글쓰기 연습하기

글쓰기를 부담스럽게 느끼지 않도록 간단한 주제로 시작해야 합니다. 예를 들어, "오늘 가장 기억에 남는 일은?", "내가 가장 좋아하는 동물은?" 같은 친근한 주제가 효과적입니다.

아이의 글에 대해 "어떤 부분이 가장 재미있었어?" 또는 "이 부분을 조금 더 자세히 써볼래?" 같은 질문으로 관심을 표현하며 확장을 유도합니다. 틀린 맞춤법이나 문법보다는 표현 자체를 칭찬하며 글쓰기를 긍정적으로 받아들이게 돕는 것이 중요합니다.

디지털 도구를 활용해 글쓰기 습관 만들기

디지털 기기를 활용하면 글쓰기가 더 흥미로워질 수 있습니다. 예를 들면 전자 일기는 스마트폰이나 태블릿의 메모 앱을 사용해 매일 짧은 글을 작성하게 해줍니다. 이야기 만들기 앱 'Book Creator' 같은 앱으로 글과 그림을 결합한 스토리북을 만들어 보세요. 이 과정에서 아이는 단순히 글을 쓰는 것을 넘어 창작의 즐거움을 느끼고, 디지털 기기를 창의적으로 활용하는 경험을 쌓게 됩니다. 부모님은 "너만의 이야기가 정말 멋지다! 이 장면이 흥미롭네!" 같은 칭찬으로 아이의 자신감을 키워줄 수 있습니다.

챗봇과 대화하며 자연스럽게 글쓰기 연습하기

챗봇은 아이가 자연스럽게 글쓰기를 연습할 수 있는 도구입니다. 예를 들어, 아이가 "오늘 친구들과 축구를 했어."라고 이야기하면, 챗봇은 "어떤 점이 가장 재미있었어?" 같은 질문으로 대화를 확장합니다. 아이의 답변이 "골을 넣어서 친구들이 축하해 줬을 때가 가장 즐거웠어."라고 이어지면, 챗봇은 "그 순간 기분이 어땠는지 더 자세히 써볼래?" 같은 피드백으로 글의 구체성을 높이도록 유도합니다.

부모님은 챗봇과의 대화를 살펴보며 "이 부분은 정말 잘 썼네! 여기에서 더 추가해 볼까?" 같은 격려로 아이가 꾸준히 글쓰기에 흥미를 느끼도록 도울 수 있습니다.

디지털 시대, 글쓰기는 더 중요한 기술이 된다

글쓰기는 사고력과 창의력, 소통 능력을 키우는 데 없어서는 안 될 중요한 기술입니다. 디지털 환경에서도 꾸준히 글쓰기를 연습하면, 아이는 자신의 생각을 명확히 표현함으로써 자신감을 갖게 됩니다. 오늘부터 간단한 주제나 디지털 도구를 활용해 아이와 함께 글쓰기를 시작해 보세요. 부모님의 관심과 격려가 더해진다면, 글쓰기는 단순한 학습 활동을 넘어 아이의 성장과 미래를 위한 중요한 첫걸음이 될 수 있습니다.

10

AI 문해력 평가 시스템

- 내 문해력을 객관적으로 점검하자

기존 방식으로 충분할까? 새로운 평가가 필요한 이유

문해력이란 단순히 글을 읽고 쓰는 능력이 아닙니다. 정보를 이해하고 분석하면서 자신의 생각을 표현하는 데 필요한 핵심 역량입니다. 이는 학습뿐 아니라 세상을 이해하고 타인과 소통하는 데도 필수적입니다. 하지만 기존의 평가 방식은 아이들의 문해력을 종합적으로 측정하거나 부족한 점을 보완하는 데 한계가 있었습니다. 최근 등장한 새로운 문해력 평가 도구와 기준은 이런 문제를 해결하며, 아이들의 학습과 성장을 돕는 데 초점을 맞추고 있습니다.

문해력, 어떻게 측정해야 할까?

자신의 생각을 논리적으로 표현할 수 있어야 합니다. 예를 들어, 아이가 짧은 이야기를 읽은 뒤 "주인공이 왜 그런 결정을 내렸을까?"라는 질문에 답하거나 내용을 요약하는 활동은 논리적 사고와 표현력을 동시에 평가할 수 있습니다. 이처럼 다양한 요소가 결합된 문해력을 측정하려면 단순한 읽기 속도나 단답형 문제를 넘어선 평가가 필요합니다. 새로운 평가 도구는 이러한 종합적인 문해력을 입체적으로 측정하고, 부족한 부분을 보완할 방향을 제시하는 데 도움을 줍니다.

디지털 시대, 평가 도구도 달라져야 한다

디지털 독해 플랫폼은 아이가 읽은 텍스트를 기반으로 독해력과 사고력을 실시간으로 평가합니다. 예를 들어, 아이가 "숲속의 동물들"이라는 이야기를 읽은 후, "동물들이 협력한 방법을 요약해 보세요." 같은 질문을 받았다고 가정해 보겠습니다. 아이가 답변을 작성하면, 플랫폼은 글의 핵심이 잘 전달되었는지 분석하고, "협력의 이유를 추가로 설명해 줄래요?" 같은 피드백을 제공합니다. 이런 과정은 단순히 이해도를 측정하는 것을 넘어, 아이가 텍스트의 의도를 깊이 파악하고 비판적으로 사고하도록 유도합니다. 평가 결과는 시각적으로 제공되며, 아이의 강점과 약점을 기반으로 추가 학습 자료를 제안해 맞춤형 학습 방향을 제시합니다.

AI가 글쓰기를 평가하고 피드백을 준다면?

AI는 아이가 작성한 글을 분석해 어휘, 문장 구조, 논리성을 평가하고 즉각적으로 피드백을 제공합니다. 예를 들어, 아이가 "나는 오늘 축구를 했다. 재미있었다."라고 썼다면, AI는 "어떤 점이 재미있었는지 더 자세히 써볼래요?"라고 제안합니다. 아이가 "골을 넣어서 친구들이 환호해 줘서 기뻤다."라고 답하면, AI는 "그 순간의 기분을 더 자세히 표현해 보면 어떨까요?" 같은 추가 피드백을 제공합니다. 이 과정을 통해 아이는 자신의 글을 수정하고 발전시키는 법을 배우며, 자연스럽게 글쓰기 능력을 키울 수 있습니다. AI는 잘한 점을 칭찬하며 자신감을 심어주는 동시에, 더 나은 표현 방법을 제안해 글의 완성도를 높입니다.

게임처럼 재미있게 문해력을 측정할 수 있을까?

게임 형식의 문해력 도구는 학습을 놀이처럼 느끼게 해 아이들에게 동기를 부여합니다. 예를 들어, "숲속의 비밀" 이야기를 읽은 후 "여우는 _____을(를) 찾아 친구들과 모험을 떠났다." 같은 빈칸 채우기 문제를 풀거나, 주어진 단어로 문장을 만드는 활동을 통해 어휘력과 문장 구성 능력을 평가합니다. '숲, 친구들, 모험' 같은 단어를 사용해 "여우는 숲에서 친구들과 모험을 떠났다." 와 같은 문장을 만드는 과정은 아이들의 창의력과 문장 구성 능력을 동시에 키웁니다. 점수와 레벨 시스템은 성취감을 주고 학습 동기를 강화하며, 평가를 긍정적으로 받아들이게 합니다.

실생활에서 활용할 수 있는 평가 방식이 필요하다

문해력은 실생활에서도 발휘되어야 합니다. 뉴스 기사, 안내문, 광고 같은 텍스트를 활용해 실질적인 문제 해결 능력을 평가합니다. 예를 들어, '지역 공원의 새로운 규칙'이라는 안내문을 읽고 "이 규칙이 왜 필요한지 친구에게 설명하는 글을 써보세요." 같은 과제가 주어질 수 있습니다.

이 활동은 단순히 글을 이해하는 데서 끝나지 않고, 정보를 분석하고 비판적으로 사고하며 이를 자신의 언어로 표현하는 능력을 키웁니다. 이런 실생활 기반의 평가 도구는 아이가 배운 지식을 현실에 적용할 수 있도록 돕습니다.

새로운 평가 방식이 바꾸는 문해력 교육

새로운 문해력 평가 도구는 단순히 아이의 학습 수준을 측정하는 것을 넘어, 강점과 약점을 구체적으로 파악하고 이를 바탕으로 학습 방향을 제시합니다. 디지털 기반 도구는 실시간으로 학습 과정을 분석하고 맞춤형 피드백을 제공해 학습 효과를 극대화합니다. 예를 들어, 아이가 텍스트의 핵심을 잘 파악하지만 자신의 생각을 글로 표현하는 데 어려움을 겪는다면, AI 도구는 이에 맞는 활동과 연습을 제안해 부족한 부분을 보완할 수 있습니다. 또한, 뉴스 기사나 광고 같은 실생활 텍스트를 활용해 "이 안내문은 어떤 사람들에게 필요한 정보일까?" 같은 질문을 던지며 사고력을 키울 수 있습니다.

부모와 함께하는 문해력 성장의 길

부모님의 관심과 격려는 아이가 새로운 평가 도구를 효과적으로 활용하도록 돕는 중요한 요소입니다. "네가 만든 이야기가 정말 흥미롭네! 다음에는 어떤 주제로 써볼까?" 같은 긍정적인 피드백은 아이가 자신감을 갖고 학습에 더 큰 동기를 느끼도록 돕습니다. 디지털 도구뿐만 아니라 뉴스 기사나 안내문을 함께 읽고, "이 광고는 무엇을 강조하고 있을까?" 같은 질문을 나누며 대화해 보세요. 이런 활동은 아이가 학습을 부담이 아닌 즐거운 도전으로 받아들이게 합니다.

디지털 시대, 문해력은 모든 배움의 기본이다

새로운 문해력 평가 도구는 아이들이 단순히 글을 읽고 쓰는 것을 넘어, 세상을 이해하고 문제를 해결하는 능력을 키우도록 돕습니다. 오늘부터 아이와 함께 디지털 도구와 실생활 텍스트를 활용해 문해력 학습을 시작해 보세요. 이 작은 실천들이 아이의 학습 능력을 강화할 수 있습니다.

PART 5

생존을 위해 읽기의
본질로 뛰어들어라

읽기는 단순한 기술이 아닌 시간과 노력이 필요한 예술입니다. 정해진 방식이 아닌 자신만의 방식으로 읽고 해석하는 능력도 필요합니다. 아이들의 생존을 위해서라도 다시, 책으로 돌아가야 합니다.

이번 장에서는 읽기가 정보 습득을 넘어 생각하는 힘이자 자유로움을 주는 과정임을 탐색하고, 자기만의 깊이 있는 읽기 방식을 찾는 법을 고민해 봅니다.

$$\boxed{1}$$

읽기는 시간과 노력이
필요한 예술이다

초등학교 5학년 민수는 하루에 2시간 이상 유튜브와 틱톡, 게임을 즐깁니다. 특히 틱톡은 15초에서 3분 내외로 짧고 자극적인 영상들로 가득합니다. 민수는 빠르게 넘겨 가며 눈으로 이미 만들어진 장면을 받아들이는 데 익숙해져 있습니다.

얼마 전 사회 시간에 '일제강점기 독립운동가'에 대해 배우던 중, 선생님이 물었습니다.

"독립운동가들은 어떤 사람들일까?"

민수는 잠시 생각하다가 대답했습니다.

"음…. 예전에 틱톡에서 〈암살〉이라는 영화를 본 적이 있어요. 남자 주인공이 총을 쏘면서 도망치지 않고 끝까지 싸우는 모습이 기억나요. 여자 주인공도 스나이퍼처럼 숨어서 일본군을 저격했어요."

하지만 여기까지가 민수가 말할 수 있는 독립운동가들의 모습이었습니다. 왜 그들이 그런 위험을 무릅쓰고 싸웠는지, 어떤 마음이었는지는 설명하지 못했습니다. 그 장면을 넘어서는 생각이나 이야기를 이어가지 못했습니다.

이유는 간단합니다. 민수는 영상에서 이미 완성된 장면을 '보는 몸'에 익숙해졌기 때문입니다. 영상 속 장면을 받아들일 뿐, 그 장면 뒤에 숨겨진 의미나 배경 맥락 등을 생각해 본 경험이 부족합니다.

읽는 몸이 부족한 민수의 숙제 시간

수업이 끝난 후, 선생님은 독립운동가에 대한 글을 읽고 요약하는 숙제를 내주었습니다.

민수는 긴 문장을 더듬거리며 읽다 보니 머리가 아파왔고, 지루함을 견디기 힘들어졌습니다.

"독립운동가들이 조국의 독립을 위해 목숨을 걸고 싸웠습니다."

'목숨을 걸었다고? 왜?'

문장 속에 담긴 이유와 감정은 읽는 사람이 머릿속에서 상상하고 해석해야 비로소 생생하게 떠오릅니다. 하지만 민수는 그 과정이 어려웠습니다. 글자만 눈으로 따라갈 뿐, 머릿속에 장면이 잘 그려지지 않습니다. 의미도 깊게 이해되지 않습니다. 민수의 '읽는 몸'이 충분히 발달하지 않았기 때문입니다.

'읽는 몸'이란 자동으로 글자를 읽으면서 머릿속에서 장면을 상상하고, 문장과 문장 사이의 연결을 통해 이야기를 해석할 수 있는 상태입니다. 그러나 민수는 인지적인 인내심이 부족합니다. 짧고 자극적인 영상에 익숙해져 있었기 때문에 글을 천천히 읽으며 장면을 떠올리며 읽는 몸이 아닙니다.

결국 민수는 끝까지 읽지 못하고 숙제를 금방 포기했습니다.

보는 몸과 읽는 몸의 차이

보는 몸이란 눈으로 빠르게 받아들이는 것에 익숙한 몸입니다. 시각적 자극이 강하고, 짧은 집중력과 즉각적인 즐거움을 추구하는 몸을 의미합니다. 반대로 읽는 몸이란 글자를 읽으며 머릿속에서 스스로 장면을 상상하고 해석할 수 있는 몸입니다. 문장을 연결하여 이야기의 의미를 깊이 이해하고, 감정과 생각을 확장할 수 있습니다.

민수가 겪는 어려움은 단순히 집중력이 부족하거나 게으름 때문이 아닙니다. 디지털 영상에 과도하게 노출되면서 '보는 몸'에 익숙해졌기 때문입니다. 영상은 상상력과 사고력을 크게 필요로 하지 않습니다. 반면, 글이란 스스로 상상하고 추론하고 해석해야만 이해할 수 있습니다. 다시 말해 후천적인 노력으로 읽기 회로를 몸에 만들어야 합니다. 따라서 아이들에게 '읽는 몸'을 기르기 위한 체계적인 독서 교육이 필요합니다.

읽기, 노력과 시간이 만드는 가치 있는 여정

읽는 몸을 만든다는 건 꾸준한 읽기 훈련을 통해 사고하는 몸을 만드는 과정입니다. 인지적인 인내심을 가지고 한 문장 한 문장 뜻을 생각하면서 읽어야 합니다. 내가 읽은 문장이 다음 문장과 연결되는지, 이야기의 전체 맥락을 생각해 봅니다. 등장인물의 감정을 공감하기 위해 머릿속에서 장면을 그려봅니다. 이것들은 모두 등장인물의 입장에서 생각해 보는 감정 이입이 필요한 훈련입니다.

물론 이러한 과정이 처음에는 낯설고 어렵게 느껴질 수 있습니다. 눈으로는 글자를 읽고 있지만, 머릿속에서는 장면이 쉽게 떠오르지 않습니다. 문장의 뜻이 한 번에 이해되지 않을 때도 많습니다.

그러나 이러한 과정을 꾸준히 반복할 때만 읽기 회로 즉 읽는 몸을 만들 수 있습니다. 이처럼 읽기는 단순한 행위가 아닌 고도의 사고와 감정, 상상력이 어우러진 예술적인 과정이며, 아이들은 이러한 도전을 통해 비로소 읽는 몸을 만들 수 있습니다.

사실 읽기란 예술이다

제가 '읽기의 기본이 몸을 만드는 일'이라고 말씀드렸습니다. 가만히 읽기를 생각해 보면, 처음에는 읽기가 마치 하기 싫은 노동처럼 느껴질 수 있습니다. 그런데 이러한 읽기를 지속하다 보면 점점 예술적 즐거움을 선사하는 활동으로 변하게 됩니다. 아이들이 낯선 단어나 문장을 이해하기 위해 노력하는 과정은 단순히 글을 읽는 기술을 넘어, 상상력을 자극하고 감정을 느끼는 창조적인 경험으로 이어집니다.

예를 들어, 아이가 "깊은 생각에 잠겼다."라는 표현을 읽는다면, 앞뒤 문맥을 통해 주인공이 중요한 일을 고민하고 있음을 이해하게 됩니다. 이런 과정을 반복하면서 아이들은 텍스트 속 세계를 상상하고 이야기를 완성하는 주체가 됩니다. 읽기는 단순히 정보를 소비하는 행위를 넘어, 상상력의 세계로 몸을 이동시키는 예술적 행위가 됩니다.

꾸준히 읽을 때 달라지는 몸

읽는 몸은 하루아침에 되는 활동이 아닙니다. 매일 10~20분씩 꾸준히 책을 읽는 습관이 있어야 점진적으로 발전합니다. 처음에는 짧고 쉬운 글로 시작하지만, 점차 더 긴 글과 복잡한 내용을 이해할 수 있는 근육이 생깁니다. 예를 들어 아이가 "달빛이 호수 위에 고요히 내려앉아 물결 속에서 조용히 떨리고 있었다."라는 문장을 읽을 때 아이는 "달빛이 내려앉는다."라는 것이 실제로 움직이는 것이 아니라 시적인 표현임을 추측합니다.

또한, 이 장면이 이야기에서 고요함이나 쓸쓸함 같은 분위기를 형성하는 데 어떤 역할을 하는지 이해하려고 노력합니다. 바로 이러한 과정에서 조금씩 읽는 몸이 만들어집니다. 이것이 뇌에 읽기 회로가 만들어지는 원리입니다. 이런 과정을 반복해야 합니다. 그래야 읽는 몸이 만들어지고 뇌는 더 긴 이야기와 복잡한 내용을 소화할 수 있게 됩니다.

읽는 몸 만들기

책 읽기 싫어하는 아이들에게 읽기라는 행위는 지루한 노동에 불과합니다. 이것을 하나의 예술로 자리 잡게 하려면, 독서라는 행위가 즐거워야 합니다. 즐거운 행위다. 라는 기억이 쌓일 때 책 읽는 몸이 될 수 있습니다.

따라서 가장 먼저 아이들에게 책에 대한 긍정적인 경험부터 심어줄 필요가 있습니다. 처음부터 어렵거나 지루한 책으로 시작하는 것이 아니라 처음에는 그림을 그려도 좋습니다. 그림책으로 시작해도 괜찮습니다. 아이들이 읽기를 시작하는 첫걸음이기 때문에 좋은 기억이 중요합니다. 아이들에게 흥미를 느끼는 주제부터 선택해야 합니다. 동물 이야기, 모험, 스포츠 등 아이가 좋아하는 주제의 책은 자연스럽게 읽기에 대한 흥미를 끌어냅니다. 예를 들어, 동물을 좋아하는 아이에게는 동물이 등장하는 이야기를, 스포츠에 관심이 많은 아이에게는 운동과 관련된 스토리를 담은 책부터 먼저 추천해 봅니다.

단, 아이가 원할 때 추천하는 것이 중요합니다. 아직 읽을 마음의 준비가 되어 있지 않다면 기다려야 합니다. 아이들은 책을 싫어하지 않습니다. 단지 아직까지 재미있는 책을 만나지 못했을 뿐입니다. 적절한 시기에 맞춤형 도서를 제안함으로써, 아이들이 독서의 즐거움을 발견할 수 있도록 도와줄 수 있습니다.

읽기를 강요하지 않고 놀이처럼 느낄 수 있도록 도와줘야 합니다. 그림책, 팝업북, 만화책 등 다양한 형식의 책을 활용해 읽기를 더 흥미롭게 만들 수 있습니다.

100일 독서 챌린지로 읽는 몸을 만들다

최근 아이들과 함께 '100일 독서 챌린지'를 진행했던 적이 있습니다. 온라인 줌에서 정확히 20분 동안만 책을 읽고, 아이들과 내가 읽은 책에 대한 피드백을 나누는 독서 모임이었습니다. 단 이때 읽는 책은 아이들이 직접 선택할 수 있습니다. 어떤 책을 읽어도 상관없습니다. 만화책도 가능합니다. 심지어 수학 숙제를 해도 괜찮습니다. 사실 저는 아이들에게 책을 읽게 하기보다 먼저 읽는 몸을 만드는 훈련을 하고 싶었습니다. '100일 독서 챌린지'에 성공한 아이에게는 치킨을 선물로 주겠다는 이벤트도 함께 진행했습니다. 처음에는 아이들이 '치킨'이라는 단어에 혹해서 시작했습니다. 그런데 시간이 지나면서 점점 읽는 몸으로 변하고 있다는 것을 느꼈습니다. 아이들 스스로도 말합니다.

"선생님, 처음에는 책 읽는 게 어렵고 재미없었었는데, 이제는 예전보다 빨리 읽히고 점점 덜 힘들어져요."

이 글을 쓰는 지금도 아이들의 100일 독서 챌린지는 계속되고 있습니다. 읽기는 단순히 책을 넘기는 것이 아니라, 꾸준한 훈련을 통해 몸에 배어가는 과정입니다. 아이들도 점점 그 사실을 깨닫고 있습니다. 저는 확신합니다. 언젠가 치킨보다 더 큰 보상은 책 읽는 즐거움 그 자체가 될 거라고요.

혼자 읽는 시간의
가치를 찾아라

읽기, 고독 속에서 세상을 만나는 특별한 경험

초등학교 4학년 건우는 아주 조용한 아이입니다. 쉬는 시간에도 친구들과 어울리기보다는 혼자 그림을 그리거나 핸드폰을 보며 시간을 보냈습니다. 그러던 어느 날, 도서관에서 우연히 『모비 딕』을 발견했습니다. 표지에 그려진 거대한 고래가 어딘가 신비롭게 느껴졌습니다. 책은 두꺼웠지만, 그냥 한 장만 넘겨보자는 마음으로 읽기 시작했습니다.

처음에는 글자가 빼곡해서 지루했는데 점점 이야기 속으로 빨려 들어갔습니다. 끝없는 바다를 떠도는 배 피쿼드호, 흰고래를 쫓는 에이허브 선장의 광기, 거친 폭풍과 파도 속에서 살아남기 위한 선원들의 사투. 책장을 넘길수록 건우는 마치 배를 타고 항해하는 듯한 기분이 들었습니다.

그 순간, 건우는 도서관의 한구석에 앉아 있는 심심한 아이가 아니었습니다. 파도 위를 항해하는 선원이었고, 에이허브 선장의 집념을 지켜보는 한 사람이었습니다. 마지막 장을 덮은 건우는 가만히 앉아 잠시 멍하니 있었습니다. 책 속 이야기에서 빠져나온 기분이 묘했습니다. '이렇게 두꺼운 책이 재미있다니….' 자기 스스로도 놀라웠습니다.

그날 이후, 건우는 틈만 나면 조용히 책을 펼쳤습니다. 친구들과 게임을 하거나 노는 것보다 혼자 책 읽는 시간이 더 즐거워졌습니다. 아마도 건우는 점점 깨닫고 있을 것입니다. 책 읽기는 심심하거나 지루한 시간이 아니라, 재밌는 세상을 만날 수 있는 특별한 경험이라는 것을요.

고독의 시간은 외로움이 아니다

디지털 시대에 아이들은 스마트폰, 유튜브, 온라인 게임 등으로 늘 연결된 환경에서 자랍니다. 이러한 자극적인 환경은 아이들의 주의를 분산시키고, 고독한 사색의 시간을 빼앗습니다. 하지만 혼자서 조용히 책을 읽는 고독의 시간은 외로움이 아니라, 자신과 대화하고 내면을 탐구하며 성장할 수 있는 소중한 시간입니다. 따라서 읽기라는 행위는 고독 속에서 세상과 만나고, 감정을 풍요롭게 하며, 사고력을 키우는 소중한 시간입니다.

고독한 시간, 읽기는 세상과 만나는 문이 된다

책을 읽는다는 것은 혼자만의 시간 속에서 이야기에 몰입하는 행위입니다. 민수는 부모님의 권유로 매일 20분씩 책을 읽기 시작했습니다. 처음에는 억지로 읽었지만, 동물들의 우정을 다룬 동화책을 통해 주인공에게 자신을 대입하며 몰입하는 모습을 보였습니다. 책 속에서 민수는 혼자 책을 읽는 고독 속에 자신만의 세계를 구축하고, 감정을 이해하며 표현하는 능력을 키웠습니다. 책을 읽는 순간 아이는 새로운 관점을 탐구하고, 스스로 질문을 던지며 사고력을 확장합니다.

초등학교 3학년 지민이는 『마당을 나온 암탉』을 읽으며 주인공 잎싹의 용기와 두려움을 상상하고, "나였다면 어떤 선택을 했을까?"라는 질문을 던졌습니다. 이러한 경험은 단순히 이야기를 따라가는 것을 넘어, 자신의 생각을 정리하고 자기 성찰을 하는 기회로 이어집니다.

읽기는 느림의 가치를 제공한다

디지털 환경은 빠르고 강렬한 자극으로 아이들의 주의를 분산시킵니다. 반면, 책은 느림의 가치를 제공합니다. 책을 읽는 동안 아이들은 한 문장씩 따라가며 주의를 집중하고 몰입합니다. 아이들은 이러한 몰입 경험을 통해 책을 좋아하게 됩니다.

초등학교 4학년 소희는 긴 이야기책인 『파라다이스 정원』을 읽었습니다. 처음에는 어려움을 느꼈지만, 문맥을 통해 단어의 의미를 추측하고 이야기 전개를 따라가며 점차 몰입했습니다. 초등학교 5학년 승민이는 『해리포터와 마법사의 돌』을 읽으며 복잡한 마법 세계의 규칙을 이해하려고 노력했습니다. "왜 이 마법은 이렇게 작동할까?" 같은 질문을 던지며 논리적 사고력을 키웠습니다. 책을 읽는 과정에서 아이들은 집중력과 사고력을 연습합니다. 낯선 단어나 복잡한 상황을 이해하기 위해 스스로 사고하는 법을 배웁니다.

고독 속에서 자기 감정을 들여다본다

혼자 책을 읽는 시간은 아이들에게 다양한 감정을 느끼고 공감하는 법을 배웁니다. 예를 들어, 아이가 미하엘 엔데의 소설 『모모』를 읽습니다. 아이는 혼자 책을 읽으며 주인공을 보면서 다양한 감정을 느끼게 됩니다. 탐욕에 분노를 느끼고 용기와 희망을 느낍니다. 다양한 감정을 느낍니다. 이러한 경험은 단순한 이야기를 넘어서 아이들이 표현할 수 있는 다채로운 감정을 풍요롭게 만듭니다.

책 속에서 아이들은 주인공의 선택과 감정에 공감합니다. 자신의 감정을 이해하게 됩니다. 감정을 표현할 수 있는 능력을 키웁니다. 이러한 경험은 아이가 타인의 감정을 이해하고, 인간을 바라보는 넓은 시야로 성장하게끔 도와줍니다. 이런 성장은 오로지 혼자 책을 읽으며 스스로와 마주할 때 비로소 가능해집니다. 조용한 고독 속에서 아이들은 자신을 들여다보고, 세상을 이해하는 법을 배웁니다.

고독한 시간을 즐거운 독서 시간으로 바꾸는 법

1. 방해받지 않는 나만의 독서 공간 만들기

아이들이 조용히 몰입할 수 있는 시간을 만들어 주세요. 하루 일정 중 특정 시간을 정해 가족 모두가 책을 읽는 시간을 가지거나, 조용한 독서 공간을 제공하는 것이 좋습니다. 이러한 환경은 아이가 책 속 이야기와 온전히 마주하며 내면의 세계를 탐구할 수 있도록 돕습니다.

2. 흥미로운 책을 찾아 즐겁게 읽기

아이의 관심사에 맞는 책을 추천하세요. 동물 이야기, 모험, 판타지 등 아이가 좋아하는 주제를 반영한 책은 자연스럽게 몰입을 유도합니다. 예를 들어, 동물을 좋아하는 아이에게는 동물 캐릭터가 등장하는 이야기를, 모험을 좋아하는 아이에게는 흥미진진한 모험 소설을 추천하세요.

3. 읽은 내용을 표현하며 나만의 생각 정리하기

책을 읽은 뒤, 느낀 점이나 생각을 표현할 기회를 제공하세요. 주인공에게 편지를 쓰거나, 인상 깊은 장면을 그림으로 그리는 등 다양한 표현 활동은 읽기를 내면화하는 데 도움을 줍니다. 부모와의 대화 또한 중요한 역할을 합니다. "이 장면에서 주인공은 왜 그렇게 행동했을까?"와 같은 질문은 아이가 책의 내용을 더욱 깊이 이해하고 자신의 의견을 정리하도록 돕습니다.

읽기, 아이들이 혼자서도 성장하는 힘이 된다

읽기는 고독 속에서 자신과 대화하는 것입니다. 세상을 탐구할 수 있는 귀중한 시간입니다. 책을 읽는 동안 아이들은 외부의 방해 없이 자신만의 속도로 이야기에 몰입하고, 내면의 세계를 확장하며 성장합니다. 이러한 고독의 경험은 아이들이 더 큰 세상을 이해하고 알아가는데 소중한 시간입니다.

읽기를 통해 아이들은 새로운 시각을 얻고, 자신의 삶과 세상을 더 깊이 이해하는 능력을 키울 수 있습니다. 학부모님들은 아이들에게 읽기의 고독을 허용하고, 이를 긍정적인 경험으로 만들어주세요. 읽기는 단순한 학습을 넘어 삶의 즐거움으로 자리 잡을 것입니다. 스스로 읽기의 가치를 발견하고 즐길 줄 아는 아이는 풍요로운 내면으로 세상에 흔들리지 않고 자기다움의 삶을 살아갈 수 있습니다.

$$\boxed{3}$$

읽기는 곧
생각하는 힘이다

읽기를 통해 맥락을 이해하는 힘을 키우자

읽기는 단순히 글자를 해독하는 기술을 넘어 사건과 이야기의 맥락을 이해하는 과정입니다. 모든 스토리는 시간의 순서에 따라 이야기가 전개됩니다. 이러한 흐름 속에서 사건을 연결할 수 있고 변화를 이해하면서 삶의 의미를 탐구합니다.

초등학생 민수가 『안중근 위인전』을 읽었다고 가정해 봅시다. 그는 단순히 안중근 의사의 활동만 아는 데 그치지 않고, "왜 독립운동이 필요했을까?"라는 질문을 던지며 당시의 역사적 배경을 이해하게 됩니다. 나아가 "나라가 독립하지 못하면 개인의 자유도 없다."라는 깨달음을 얻게 됩니다. 이러한 맥락이 사건의 흐름과 의미를 파악하는 능력을 키웁니다. 예컨대 『플라스틱 바다』를 읽는 아이는 플라스틱 문제의 현재적 위험을 배우는 데서 그치지 않고, "왜 플라스틱이 이렇게 많아졌을까?" 같은 질문을 통해 과거와 현재를 연결합니다. 이처럼 읽기는 단편적 지식을 넘어, 맥락을 이해하며 사고력을 확장해 가는 과정입니다.

사건의 배경과 흐름을 읽어내다

초등학교 5학년 지훈이는 유관순 열사의 이야기를 읽고, 단순히 독립운동의 한 장면을 넘어서 "왜 유관순 열사가 이런 선택을 했을까?"를 고민했습니다. 이야기를 통해 그는 일제강점기라는 역사적 배경과 민족의 억압을 이해하고, 개인의 용기가 사회적 변화와 연결될 수 있음을 깨달았습니다.

역사는 단순한 사실의 나열이 아니라, 배경과 흐름 속에서 그 의미가 드러납니다. 읽기는 아이들에게 사건의 배경을 파악하고 이를 더 넓은 관점에서 이해할 수 있는 능력을 제공합니다.

이야기 속에서 관계와 연결을 발견하다

읽기는 사건 간의 연결고리를 탐구하게 합니다. 예를 들어, 『삼국유사』를 읽는 아이는 삼국 시대의 문화가 오늘날의 전통과 어떻게 연결되는지를 책을 통해 생각해 보면서 자연스럽게 이해할 수 있게 됩니다. 이는 책이 단순히 고대의 이야기를 배우는 것을 넘어, 과거와 현재를 이어주는 가교 역할을 해준다는 것을 알게 해줍니다. 아이들이 읽기를 통해 관계와 연속성을 이해하게 된다면, 단편적인 사실에서 벗어나 전체적인 맥락 속에서 현재를 살아가는 세상을 바라보는 시야를 키울 수 있습니다.

과거와 현재를 잇는 통찰력

읽기는 과거의 사건과 현재를 연결하며 사고의 폭을 넓힙니다. 환경에 관한 책을 읽은 아이는 인간의 과거 행동이 오늘날 기후 변화에 어떤 영향을 미쳤는지 깨닫게 됩니다. 나아가 그렇다면 "우리는 어떤 행동을 해야 할까?"와 같은 질문을 스스로 던질 수도 있게 됩니다. 이 과정은 문제를 단편적으로 보는 것을 넘어, 맥락 속에서 해결책을 찾는 사고력을 키워줍니다.

부모가 도울 수 있는 방법

1. 시대적 배경이 담긴 책 함께 읽기

역사적 사건이나 사회적 변화를 다룬 책을 권해 주세요. 예를 들어, 『세종대왕 이야기』를 통해 한글 창제의 배경을 이해하거나, 독립운동가들의 이야기를 통해 역사적 상황을 배울 수 있습니다.

2. 책 속 질문을 나누며 깊이 생각하기

책을 읽은 후, 아이와 함께 이야기를 나눠 보세요. "왜 주인공이 이런 선택을 했을까?", "이 사건이 지금 우리에게 어떤 의미일까?" 같은 질문은 아이가 더 깊이 사고하도록 유도합니다.

3. 읽은 내용을 현실과 연결해 보기

책의 내용을 오늘날의 사회적 문제와 연결해 보세요. 예를 들어, 독립 운동 이야기를 읽은 후 "오늘날 우리가 누리는 자유를 위해 어떤 책임을 다해야 할까?"와 같은 질문을 통해 아이가 과거의 교훈을 현재의 삶과 연결하도록 돕습니다.

읽기, 맥락 속에서 깊이 생각하는 힘을 기르는 과정

읽기는 사건과 이야기를 맥락 속에서 이해하며, 사유할 수 있는 힘을 기르는 과정입니다. 아이들이 책을 통해 과거와 현재를 연결하고, 사건의 흐름과 관계를 탐구하며 사고하는 법을 배운다면, 이는 단순한 독서를 넘어 삶을 바라보는 중요한 능력으로 발전합니다. 읽기를 통해 아이들은 스스로 질문을 던지고 답을 찾아가며, 깊이 있는 사고와 비판적 시각을 키웁니다. 이러한 능력은 복잡한 문제를 해결하고 세상을 이해하는 데 매우 중요한 역량입니다. 부모님의 작은 질문과 대화가 아이들에게 사고의 깊이를 더하고, 읽기의 가치를 배울 수 있는 출발점이 됩니다. 읽기를 통해 맥락을 이해할 수 있는 능력으로 깊이 있게 생각하는 힘을 기를 수 있습니다.

$$\boxed{4}$$

읽기가 우리를
자유롭게 만든다

아이들은 게임을 왜 그렇게 열심히 할까

아이들이 게임을 좋아하는 가장 큰 이유가 무엇일까요? 많은 사람들이 즉각적인 보상 때문이라고 생각합니다. 물론 보상이 게임의 중요한 요소이긴 하지만, 더 본질적인 이유는 자율성에 있습니다.

가만히 생각해 보면, 우리 아이들은 아침에 눈을 뜨는 순간부터 잠들 때까지 스스로 선택할 수 있는 일이 거의 없습니다.

"학교 가야지." "끝나면 학원 가야지."

아이들은 부모나 어른들이 미리 정해놓은 일정에 따라 하루를 보냅니다. 학교가 끝나면 방과 후 수업, 태권도장, 수학 학원, 미술 학원, 영어 학원 등 빽빽한 스케줄이 이어지죠. 스스로 선택해서 하는 일이 거의 없는 게 현실입니다.

그런데 게임을 하는 순간만큼은 전혀 다릅니다. 게임은 아이들에게 자유를 가져다줍니다.

게임을 하는 동안에는 누구의 간섭도 받지 않습니다. 자신이 원하는 캐릭터를 고르고, 아이템을 선택하고, 어떤 방식으로 플레이할지 스스로 결정합니다. 무엇보다도 게임을 할지 말지조차도 자기 자신이 선택합니다. 그러니 아이들이 게임을 좋아할 수밖에 없습니다.

그런데 만약 이렇게 좋아하는 게임을 학교에서 필수 과목으로 지정하면 어떨까요? 게임의 역사를 배우고, 기초적인 게임 스킬을 평가받고, '테트리스'를 필수 수행 과제로 정한다고 가정해 봅시다.

처음에는 재미있을 것 같지만, 곧 게임은 더 이상 자유로운 놀이가 아니라 의무적인 공부가 됩니다.

"아! 오늘 숙제로 테트리스를 2시간씩 해야 한다."

이렇게 된다면, 아이들은 게임을 즐기기보다는 하기 싫은 숙제처럼 피하고 싶어질 것입니다.

읽기의 진정한 가치도 바로 자율성에 있다

이 원리는 읽기에도 그대로 적용됩니다. 아이들이 책을 읽을 때도 마찬가지로 자율성이 중요합니다. 책을 읽는 순간만큼은 아이들이 진정한 자유를 경험할 수 있습니다. 여기서 자유란 단순히 물리적인 제약에서 벗어나는 것이 아니라, 상상력과 창의성을 펼칠 수 있는 기회를 의미합니다.

책 속의 다양한 이야기와 인물들은 아이들이 새로운 세계를 탐험하고, 자신의 감정을 표현하며, 타인의 시각을 이해할 수 있는 공간을 제공합니다. 이러한 경험은 아이들이 독립적인 사고를 기르고, 자신만의 방식으로 이야기를 해석할 수 있는 능력을 키워줍니다.

게임을 할 때처럼, 아이들이 자율적으로 책을 선택하고 읽을 때, 읽기의 즐거움도 극대화됩니다. 따라서 부모와 교사들은 아이들이 읽기를 통해 자유를 경험할 수 있도록 도와주는 것이 중요합니다.

사고의 자유: 스스로 질문하고 탐구하는 힘

아이들에게 진짜 중요한 배움은 정답을 아는 것이 아니라, 스스로 질문하고 탐구하는 능력을 기르는 것입니다. 그런데 현실을 보면, 아이들은 어릴 때부터 주어진 답을 외우는 방식의 학습에 익숙해집니다. "이건 맞고, 저건 틀려." "이렇게 해야 정답이야." 이런 식으로 사고가 제한되면서, 스스로 생각하고 질문하는 힘을 기를 기회가 점점 사라집니다.

하지만 독서는 다릅니다. 책을 읽는 과정에서는 누가 정해놓은 답이 없습니다. 같은 책을 읽어도 각자 느끼는 점이 다르고, 같은 장면을 보아도 떠오르는 생각이 다릅니다. 이것이 바로 사고의 자유입니다. 아이들은 책 속에서 다양한 경험을 하면서 자연스럽게 "왜 그럴까?"라는 질문을 던지게 되고, 자신의 의견을 만들고, 세상을 다르게 바라보는 힘을 기르게 됩니다.

감정의 자유: 다양한 감정을 간접 경험하다

읽기는 아이들이 다양한 감정을 간접적으로 경험하고 공감하는 능력을 키우는 데 도움을 줍니다. 예를 들어, 『내 친구 마니』를 읽는 아이는 외로운 주인공의 이야기를 따라가며 외로움과 우정을 배우고, 자신의 감정을 더 깊이 이해하게 됩니다. 또한, 주인공이 느끼는 기쁨과 슬픔, 두려움과 희망은 아이들의 감정 세계를 풍요롭게 하고, 타인의 입장에서 세상을 바라보는 능력을 발달시킵니다. 이를 통해 아이는 감정을 표현하고 조절하는 법을 배우며, 감정적으로 자유로워질 수 있습니다.

선택의 자유: 자신의 길을 발견하고 탐색하다

책은 아이들에게 다양한 가능성과 선택지를 탐험할 기회를 제공합니다. 예를 들어, 『나는 과학자가 될 거야』 같은 책은 아이들에게 과학자의 삶과 업적을 보여주며, "나도 이런 꿈을 이룰 수 있을까?"라는 질문을 던지게 합니다. 또한, 역사적 결단을 다룬 책을 읽는 과정에서 아이는 "내가 그 시대에 태어났다면 어떤 선택을 했을까?"라는 고민을 하며 자신의 역할과 책임을 탐구할 수 있습니다. 이처럼 책은 아이들에게 삶의 방향을 고민하고 스스로 선택할 수 있는 힘을 길러 줍니다.

읽기를 통해 자유를 경험하도록 돕는 부모의 역할

1. 다양한 주제의 책을 선택할 수 있는 자유

아이들에게 독서는 단순히 글을 읽는 활동이 아니라, 자신의 관심사를 확장하고 새로운 세계를 탐험하는 기회입니다. 그런데 만약 아이들이 읽어야 할 책이 정해져 있다면 어떨까요? 좋아하는 분야를 탐색할 기회 없이 "이 책을 꼭 읽어야 해."라는 강요만 있다면, 독서는 즐거움이 아니라 의무가 되어버릴 것입니다.

하지만 책을 선택할 수 있는 자유가 주어진다면 이야기는 달라집니다. 아이들은 스스로 관심 있는 주제를 선택하고, 그 과정에서 더 깊이 탐구하며 사고의 폭을 넓혀갑니다.

환경에 관심 있는 아이라면 『플라스틱 없는 하루』 같은 책을 읽으며 환경 보호의 중요성을 자연스럽게 깨닫게 됩니다. 역사에 흥미를 느끼는 아이라면 『세계사를 바꾼 발명 이야기』를 통해 과거의 발명이 현재와 어떻게 연결되는지 배울 수 있습니다.

과학을 좋아하는 아이라면 『별과 우주 이야기』 같은 책을 통해 호기심과 탐구심을 키울 수 있습니다. 예술 감각이 뛰어난 아이라면 『위대한 화가들의 이야기』 같은 책을 보면서 창의력을 자극받을 수 있습니다.

이처럼 아이들이 스스로 원하는 책을 선택할 때, 독서는 단순한 학습을 넘어 자기만의 배움과 탐색의 과정이 됩니다. 어떤 책을 읽을지 정하는 순간부터 아이들은 주도적으로 사고하고, 호기심을 키우며, 세상을 바라보는 자신만의 시각을 만들어갑니다.

2. 책 속 질문을 대화로 확장하며 깊이 자유롭게 생각하기

독서는 단순히 글자를 읽고 내용을 이해하는 활동이 아닙니다. 스스로 생각하고, 질문하고, 다양한 가능성을 탐색하는 과정입니다. 책을 읽으며 우리는 정해진 답을 찾는 것이 아니라, 자기만의 시각을 만들어가고, 사고의 폭을 넓혀가는 경험을 하게 됩니다.

책을 읽은 후 아이들에게 단순히 "재미있었니?"라고 묻는 대신, 생각의 자유를 확장할 수 있는 질문을 던져야 합니다.

예를 들어, "토끼와 거북이"를 읽었다면,

"토끼가 거북이를 이길 수 있었을까? 그렇다면 어떻게?"

"네가 토끼라면 경주 중 어떤 전략을 선택했을까?"

"거북이가 이긴 진짜 이유는 무엇일까?"

이런 질문을 통해 아이들은 단순히 이야기의 줄거리를 떠올리는 것이 아니라, 주인공의 선택을 분석하고, 자신의 생각을 정리하고, 새로운 가능성을 탐색하는 경험을 하게 됩니다.

책 속의 인물들은 하나의 시각만을 제공하지 않습니다. 같은 사건도 다르게 해석할 수 있고, 주인공의 행동에 대한 다양한 의견이 나올 수 있습니다. 이런 과정 속에서 아이들은 '정답'이 아니라 '자신만의 생각'을 발전시킬 수 있는 힘을 기르게 됩니다. 이처럼 독서는 아이들에게 사고의 자유를 키워줍니다.

3. 자연스럽게 책을 자유롭게 접할 수 있는 환경 만들기

아이들이 독서를 좋아하려면 책이 자연스럽게 스며든 환경이 필요합니다. 독서를 '해야 하는 것'이 아니라, '하고 싶은 것'이 되도록 만드는 것이 중요합니다.

책장을 아이 눈높이에 맞춰 두고, 거실·침대 옆·식탁 등 생활 공간에 책을 배치합니다. 다양한 주제의 책을 두어 아이가 기분에 따라 선택할 수 있도록 합니다.

또한 책을 강요하지 않고 자유롭게 선택하게 해야 합니다.

"이 책을 읽어야 해." 대신, "어떤 책이 재미있어 보이니?"라고 물어봅니다.

그다음으로 도서관·서점에 함께 가서 직접 책을 고르게 합니다. 독서가 즐거운 경험이 되도록 유도해야 합니다. 조용하고 아늑한 공간을 만들어 줍니다.

읽고 나서 독후감 대신, "이 책에서 가장 인상 깊었던 장면이 뭐야?" 같은 가벼운 대화를 나눕니다. 책이 일상에 자연스럽게 자리 잡으면, 아이들은 독서를 '해야 하는 일'이 아니라 '하고 싶은 일'로 받아들이게 됩니다.

읽기는 아이들의 마음과 생각을 확장하는 가장 큰 자유다

읽기는 아이들에게 사고, 감정, 선택의 자유를 선물합니다. 책을 통해 아이들은 새로운 지식을 배우고, 다양한 감정을 이해하며, 스스로 삶의 방향을 탐구할 수 있습니다. 부모님이 이러한 읽기의 가치를 지지하고 대화를 나눈다면, 읽기는 단순한 학습을 넘어 삶을 이해하고 즐기는 여정이 될 것입니다.

"읽기가 너희를 자유케 하리라."라는 말처럼, 책은 아이들에게 사고의 힘, 감정의 깊이, 선택의 가능성을 선사하며, 삶의 주체로 성장할 수 있도록 돕는 위대한 도구입니다. 이 자유를 아이들에게 선물하는 것은 그들의 삶을 풍요롭게 만드는 가장 큰 선물입니다.

5

획일적인
독서에서 벗어나라

아이들의 상상력을 키우는 자유로운 읽기

초등학교 4학년 유나는 『헨젤과 그레텔』을 읽고, 숙제로 "이 이야기의 교훈은 무엇인가요?"라는 질문에 답해야 했습니다. 유나는 "어려운 상황에서도 용기를 내면 극복할 수 있다."라고 적었지만, 책을 읽으면서 떠오른 다른 생각들을 표현할 기회는 없었습니다.

며칠 후, 유나는 같은 책을 부모님과 함께 다시 읽으며 새로운 경험을 했습니다. 부모님은 "너라면 헨젤과 그레텔이 길을 잃지 않도록 어떤 방법을 생각해 냈을까?" 또는 "마녀가 사실 착한 사람이었다면 이야기가 어떻게 달라졌을까?" 같은 질문을 던졌습니다.

유나는 점점 이야기에 몰입하며 상상력을 펼치기 시작했습니다. "헨젤이 작은 지도를 그려서 가지고 다녔다면 길을 잃지 않았을 수도 있어요!" 또는 "마녀가 아이들에게 요리를 가르쳐 주면서 함께 살았을 수도 있어요!" 같은 기발한 생각들을 떠올렸습니다.

이 과정을 통해 유나는 책을 단순히 교훈을 얻는 도구가 아니라, 새로운 상상을 펼칠 수 있는 공간으로 받아들이게 되었습니다. 아이들이 책을 읽을 때 가장 중요한 것은 흥미와 즐거움입니다. 하지만 읽기가 정답을 요구하는 과제로 느껴지면, 아이들은 읽기에 대한 흥미를 잃을 수 있습니다.

책은 획일적으로 정해진 답을 찾는 것이 아니라 아이들이 자유롭게 생각하고 창의적으로 이야기할 수 있는 기회가 되어야 합니다.

획일적인 읽기, 왜 한계가 있을까?

초등학생 지민이는 『강아지 똥』을 읽고 "이 책이 주는 교훈은 무엇인가요?"라는 질문에 "자신을 희생하여 남에게 도움을 주는 것이 중요하다."라는 정답 같은 답을 적었습니다. 하지만 아이는 책을 읽으며 느낀 감동과 슬픔을 표현할 기회를 갖지 못했습니다. 획일적인 읽기 방식은 책의 교훈이나 정보를 정확히 이해하는 데 초점을 맞추고 있습니다. 아이들이 느끼는 감정과 생각을 자유롭게 표현하는 데는 한계를 가집니다.

예를 들어, 『효녀 심청』을 읽은 후 "심청의 행동이 왜 효도였는지 설명하라."라는 질문을 받은 학생 은서는 심청의 희생이 지나치다고 생각했지만, 선생님의 기대에 맞추기 위해 "심청은 아버지를 위해 자신을 희생한 훌륭한 딸이다."라고 답했습니다. 이러한 방식은 아이들이 자신만의 생각과 감정을 억누르고, 읽기를 정해진 틀에 맞추는 활동으로 받아들이게 만듭니다. 획일적인 읽기는 아이들이 책 속의 세계를 탐험하고 자유롭게 해석하는 능력을 제한합니다. 정답을 요구하는 질문은 읽기를 과제로 느끼게 하고, 창의적이고 비판적인 사고를 저해할 수 있습니다.

자유롭게 읽는 것이 더 중요한 이유

초등학교 3학년 수연이는 『아낌없이 주는 나무』를 읽고 학교에서 "나무가 준 희생의 의미는 무엇일까요?"라는 질문에 "나무는 무조건적인 사랑을 보여준다."라고 답했습니다. 하지만 아이는 "왜 나무는 계속 주기만 했을까? 나무는 행복했을까?" 같은 의문이 있었지만 이를 표현할 기회를 갖지 못했습니다. 집에서 부모님과 다시 책을 읽으며, 수연이는 자유롭게 자신의 생각을 말할 수 있었습니다. "나는 나무가 자기 자신도 돌보는 게 좋았을 것 같아. 나도 친구에게 뭔가 줄 때 가끔 힘들 때가 있거든." 부모님은 "정말 재미있는 생각이구나. 너라면 나무에게 어떤 선택을 하라고 말해 주고 싶어?"라고 물으며 대화를 이어갔고, 수연이는 자신의 경험과 책 속 이야기를 연결하며 새로운 관점으로 이야기를 바라보기 시작했습니다.

자유로운 읽기는 아이들이 책을 통해 다양한 질문을 던지고, 자신만의 해석과 감정을 표현할 수 있도록 돕습니다. "나는 이 부분이 재미있었어." 또는 "이 주인공이 나 같아서 좋았어." 같은 감정 표현은 아이들에게 책 읽기를 즐겁고 의미 있는 경험으로 만들어 줍니다.

틀을 벗어나, 자유로운 읽기로 전환하자

『빨간 머리 앤』을 읽는다면, 획일적인 방식에서는 "앤은 왜 상상력을 좋아했을까?"와 같은 질문을 던질 수 있습니다. 이는 정해진 답을 요구하며 아이의 상상력을 제한할 수 있습니다. 반면, 자유로운 읽기 방식에서는 "너라면 앤이 친구에게 했던 말을 어떻게 바꿔볼래?" 같은 질문을 던질 수 있습니다.

이런 질문은 아이들이 책 속 이야기를 자신만의 방식으로 재해석하고, 상상력을 발휘할 기회를 줍니다. 또한 "앤처럼 네가 좋아하는 특별한 공간을 상상해 본다면 어디일까?"라는 질문은 아이가 자신의 경험과 이야기를 연결하며 책 속 세계를 확장하도록 돕습니다. 이러한 방식은 책 읽기를 단순히 분석하고 교훈을 찾는 활동이 아니라, 창의적인 탐험으로 전환시킵니다.

부모가 실천할 수 있는 방법

아이들과 책을 읽은 후, "주인공이 왜 그렇게 행동했을까?" 같은 정답을 요구하는 질문보다 "너라면 어떻게 했을 것 같아?" 같은 열린 질문을 던져 보세요. 예를 들어, '어린 왕자'를 읽은 뒤 "왜 어린 왕자는 장미를 떠났을까?"라는 질문 대신 "너라면 장미를 어떻게 돌봤을까?"라고 물어보는 겁니다. 이러한 질문은 아이가 책 속 인물의 선택을 자신만의 방식으로 해석하고, 자신의 경험과 연결하도록 돕습니다. 또한, 아이가 독창적인 생각을 표현하면 긍정적인 반응을 보여주세요. "정말 재미있는 생각이구나!" 또는 "그런 상상은 나도 못 해봤어!" 같은 칭찬은 아이의 자신감을 키우고, 읽기에 대한 흥미를 높이는 데 도움을 줍니다.

읽기, 아이들이 자유롭게 탐구할 수 있는 기회가 되도록

책 읽기는 단순히 정보를 얻거나 교훈을 배우는 활동이 아니라, 아이들이 자유롭게 상상하고 사고하며 자신만의 관점을 표현하는 창의적인 과정이어야 합니다. 획일적인 읽기 방식은 아이들이 책을 과제로 느끼게 하고 흥미를 잃게 만들 수 있습니다. 반면, 자유로운 읽기는 아이들이 책 속 세계를 탐험하며, 자신의 경험과 연결하고, 창의적으로 해석할 기회를 제공합니다. 이제는 아이들에게 읽기를 즐겁고 의미 있는 탐구의 시간으로 만들어 주어야 할 때입니다. 책 속 이야기를 통해 아이들이 세상을 넓고 깊게 바라볼 수 있도록 돕는 것은 부모님과 교육자들의 역할입니다. 읽기를 통해 아이들이 상상력과 사고력을 키우며 성장할 수 있도록, 자유로운 읽기 경험으로 만들어 가야 합니다.

읽는 힘을 가진 아이, 어떤 미래를 살게 될까?

얼마 전, 대구에 있는 A고등학교에서 한 선생님으로부터 전화를 받았습니다.

"이번에 국어 선생님들 대상으로 연수를 하는데, '아이들의 문해력'에 대한 강의를 좀 부탁드릴 수 있을까요?"

순간 머릿속이 하얘졌습니다. '나는 국어 교육을 전공한 것도 아니고, 국어 전문가도 아닌데…. 국어 선생님들 앞에서 무슨 말을 해야 하지?'

솔직히 저는 아이들과 함께 책을 읽고 토론하며 글쓰기를 좋아하고, 그 과정에서 아이들이 성장하는 모습을 지켜보는 일이 즐겁습니다. 하지만 제가 국어 교육 전문가들에게 문해력에 대한 이야기를 할 만큼 전문 지식이 많지 않습니다. 그래서 '거절할까' 고민했습니다.

그런데 그 순간, 문득 이런 생각이 들었습니다.

'잠깐, 학교에서는 문해력을 어떻게 가르치고 있지?'

생각해 보니, 한국의 제도권 교육에서는 문해력을 단순히 글을 읽고 이해하는 '독해 능력'의 수준에서만 바라보고 있지 않을까? "독해력이 높아야 글을 잘 읽고, 문제를 잘 풀 수 있다. 그래야 입시에서도 좋은 점수를 받을 수 있다."

물론 맞는 말입니다. 하지만 전통적인 문해력 교육만 강조한다면, 아이들은 독서를 단순히 시험을 위한 도구로만 여기게 될 것입니다.

저는 디지털 시대를 살아가는 아이들에게 넘쳐나는 정보 속에서 '진짜를 가려내고, 비판적으로 사고하며, 그 정보를 제대로 활용할 수 있는 힘'이 더 중요한 교육이다. 라는 생각이 들었습니다. 단순한 독해력을 넘어선, 디지털 시대의 새로운 패러다임인 '생존 문해력'을 이야기해야겠다. 하는 마음에 흔쾌히 강의를 수락했습니다.

디지털 시대의 생존 문해력

디지털 시대의 생존 문해력이란, 단순히 글을 읽고 이해하는 능력을 넘어, 정보를 선별하고 비판적으로 사고하며 실질적으로 활용할 수 있는 능력입니다. 책뿐만 아니라 뉴스, 유튜브, SNS 등 다양한 매체를 통해 접하는 정보 속에서 무엇이 진짜인지, 무엇을 믿어야 하는지를 스스로 판단할 수 있는 역량입니다.

예를 들어, 인터넷에서 "지구온난화는 거짓이다."라는 기사를 접했다고 가정해 봅시다. 과학적 근거를 이해하는 힘이 없다면, 그 정보를 무비판적으로 받아들일 가능성이 큽니다. 하지만 독서를 통해 기후 변화에 대한 깊이 있는 지식을 쌓은 아이는 정보를 검토하고, 비판적으로 사고하며, 다양한 관점에서 비교하고 정보를 가려내서 활용할 수 있습니다.

이러한 능력을 갖추려면 정보를 비판적으로 분석하고 깊이 있게 사고하는 역량이 필요합니다. 그렇다면, 이 능력은 어디에서 나올까요? 바로 '질문하는 힘'에서 시작됩니다. 좋은 질문이 있어야 비판적 사고가 가능하며, 비판적으로 사고하는 능력은 곧 디지털 시대를 살아가는 데 필수적인 생존 기술이 됩니다.

좋은 질문이 있어야 좋은 답을 만든다

AI는 언제든지 답을 줄 준비가 되어 있습니다. 하지만 사용자가 모호하게 질문하면 AI는 단순하고 일반적인 답변만 제공합니다. 예를 들어, 강아지를 좋아하는 한 아이가 AI에게 "강아지는 어떻게 키우나요?"라고 묻는다면 AI는 기본적인 강아지 돌봄 방법을 알려줄 것입니다. 반면, "강아지가 자꾸 짖는데, 짖지 않도록 훈련하는 방법은 무엇인가요?"라고 질문하면, 보다 구체적이고 상황에 맞는 답변을 얻을 수 있습니다.

아이들의 질문 수준이 높아질수록 답변의 질도 달라집니다. 좋은 질문은 축적된 배경지식에서 나옵니다. 절대로 한 번에 습득될 수 없습니다. 꾸준한 독서 경험이 필요합니다. 다시 말해 평소에 책을 많이 읽은 아이일수록 더 나은 질문을 던질 가능성이 높습니다. 독서를 통해 축적된 지식이 많을수록, 아이들은 비판적으로 사고하면서 질문의 깊이가 달라집니다.

예를 들어, 역사책을 꾸준히 읽어온 한 아이가 수업에서 조선 시대에 대한 이야기를 듣고 더 궁금해졌다고 해봅시다. 이 아이가 AI에게 질문할 때, 단순히 "조선의 신분 제도는 어땠을까?"라고 묻는 대신, "조선의 신분 제도가 현대 한국 사회의 계층 구조에 어떤 영향을 미쳤을까?"라고 질문할 가능성이 큽니다. 이는 책을 읽으며 자연스럽게 질문하는 습관을 길렀기 때문입니다. 독서를 통해 다양한 관점을 접하고 사고를 확장하면서, 단순한 정보 습득을 넘어 보다 깊이 있는 질문을 던질 수 있게 되는 것입니다. 결국 좋은 질문은 꾸준한 독서 경험에서 탄생합니다.

디지털 시대, 독서는 생존 기술이다

디지털 도구를 잘 다루는 것은 현대 사회에서 기본적인 생존 능력입니다. 하지만 도구를 효과적으로 활용하려면 단순한 기술 습득을 넘어서, 맥락을 이해하고 논리적으로 사고할 수 있는 능력이 더 중요합니다. 그래야 좋은 질문을 할 수 있고, 이렇게 태어난 좋은 질문은 좋은 정보를 생산할 수 있습니다. 이러한 질문은 꾸준한 독서 습관에서 비롯됩니다.

예를 들어, 프로그래밍을 배우는 학생이 단순히 코딩 문법만 익히는 것이 아니라, 알고리즘과 문제 해결 방법에 대한 깊은 이해를 갖추려면 관련 서적을 읽고 개념을 학습해야 합니다. 마찬가지로, 독서를 많이 한 사람은 단순한 검색 결과에 의존하지 않고, 더 나은 질문을 던지며, AI가 제공하는 정보를 더욱 효과적으로 활용할 수 있습니다.

또한, 창의적 사고 역시 독서에서 나옵니다. 스티브 잡스가 디자인과 기술을 융합하는 혁신적인 아이디어를 떠올릴 수 있었던 것은, 그가 단순한 공학 지식뿐만 아니라 예술과 철학 관련 서적을 꾸준히 읽었기 때문입니다. 새로운 기술을 개발하는 것만큼이나, 그 기술이 사람들에게 어떤 영향을 미칠지를 고민하는 능력이 중요한데, 이러한 통찰 역시 다양한 책을 읽었을 때 형성됩니다.

AI 시대에도 읽는 자만이 살아남는다

AI 시대에는 단순히 정보를 외우는 것이 아니라, 어떤 질문을 던질 것인지가 훨씬 중요합니다. 좋은 질문이 있어야 AI의 도움도 제대로 받을 수 있기 때문입니다. 그리고 좋은 질문은 독서를 통해 탄생합니다.

책을 많이 읽으면 세상을 보는 눈이 넓어지고, 단순한 사실을 넘어서 '왜?', '어떻게?'라는 질문을 던지게 됩니다. 과학책을 읽은 아이는 '태양이 왜 뜨고 지는지'를 묻는 대신 '태양 에너지를 더 효율적으로 활용하는 방법은 없을까?'라고 질문합니다. 바로 이러한 사고방식이 곧 AI 시대를 살아가는 경쟁력이자 생존 기술입니다.

또한, 디지털 시대에는 정보를 걸러내고 조합하는 능력이 필수입니다. 인터넷과 AI가 엄청난 양의 정보를 제공하지만, 그 정보를 어떻게 활용할지는 결국 사람의 몫입니다. 책을 많이 읽은 아이는 AI가 제공하는 자료를 비판적으로 검토하고, 질문하면서 필요하면 창의적인 방식으로 자료를 재구성할 수 있습니다.

결국 AI 시대에도 독서는 단순한 지식 습득을 넘어서 더 나은 질문을 만들고, 깊이 있는 사고를 가능하게 하는 강력한 도구입니다. 더 많이 읽고, 더 많이 질문하는 것이 디지털 시대를 살아가는 우리 아이들에게 가장 중요한 생존 능력입니다.

미주

1   KBS 뉴스광장 1부, K팝 틀고 응원봉 흔들며…외신 '축제 같은 한국 시위 문화' 주목 [잇슈 SNS], 24.12.09.
2   김상국, 독일 언론 "윤 대통령에도 '불구하고', 한국 여전히 안정적", 오마이뉴스, 24.12.15.
3   박정우, "MZ 세대 '집회, 이제는 우리가 주도한다'…. 들어 올린 '아이돌 응원봉'", 일요서울, 24.12.16.
4   이우진, 디지털 시대, 읽지 못하는 아이들, 한국교육신문, 23.02.03.
5   국제학업성취도평가(PISA), 18.
6   김윤철, 문해력 VS 디지털 리터러시(문해력), 아웃소싱타임스, 23.11.03.
7   이우진, 디지털 시대, 읽지 못하는 아이들, 한국교육신문, 2023.02.03.
8   이주석, [EBS 미래교육 플러스] 문맹률 1%, 실질문맹률 75%… 우리나라 '문해력' 실태, 중앙이코노미뉴스, 2020.02.25.
9   UNESCO, 2004.
10 하버드교육리뷰(1996) 66 (1): 60-93, A Pedagogy of Multiliteracy: Designing Social Futures(다중 문해력의 교육학: 사회적 미래 설계).
11 KOTRA, 교육에 기술을 더하다, 인도의 미래산업 에듀테크 심층분석, 아세안, 2021.06.08
12 박민정, 경기도 교육청 미래 과학 교육원, '2024 유네스코 교육의 미래 국제포럼'서 수업 영상 상영, 경기신문, 24.11.24.
13 구아현, 조민규 매스프레스 AI 사업총괄 "초개인화 교육, 특화 AI가 만든다", 디지털 조선일보, 24.06.28.
14 Raz-Kids: 미국의 영어 학습 플랫폼으로 읽기 연습과 학생들이 읽기 능력을 향상시킬 수 있도록 문해력을 강화해주는 프로그램.
15 리드포스쿨: AI 시선추적 기술을 활용하여 학생들의 문해력을 진단하고 맞춤형 훈련을 제공하는 프로그램.
16 전준상, 중고교생 스마트폰 보유율 95%…하루 이용시간 2시간 이상, 연합뉴스, 2019.10.13.
17 네이버 포스트, SNS, 아이들의 과학 지식 높여, 리서치페이퍼, 2017.09.18.
18 김철중, "멀티태스킹이 뇌 망친다."…. IQ 8세 수준으로 떨어져, 조선일보, 23.11.29.
19 2023 UNESCO 세계 교육 현황 보고서, 교육 분야에서의 기술: 누구를 위한 도구인가?, 35p.
20 장인철, 김현아, 최이진 (2022), 부산 지역 중학교 코로나 19 교육 격차 양상에 관한 연구: 구조방정식 모형 분석. 한국교육, 49(1), 5 - 33.
21 윤은숙, '읽기 뇌' 분야 세계적 연구자 메리앤 울프, 건강한겨레, 24.10.25.
22 신재화, '유독 높은 20대 독서율, 이유는', 오마이뉴스, 2024.12.18.